汉竹·亲亲乐读系列

言传身教的教育：
父母如何说如何做

李春光 主编

江苏凤凰科学技术出版社 · 南京

图书在版编目（CIP）数据

言传身教的教育：父母如何说如何做 / 李春光主编. -- 南京：江苏凤凰科学技术出版社，2024.06
ISBN 978-7-5713-4202-9

Ⅰ. ①言… Ⅱ. ①李… Ⅲ. ①家庭教育 Ⅳ. ① G78

中国国家版本馆 CIP 数据核字 (2024) 第 028977 号

凤凰汉竹
中国健康生活图书实力品牌

言传身教的教育：父母如何说如何做

主　　编	李春光
全书设计	汉　竹
责任编辑	刘玉锋　黄翠香
特邀编辑	李佳昕　刘睿瑶　张　欢
责任校对	仲　敏
责任监制	刘文洋
出版发行	江苏凤凰科学技术出版社
出版社地址	南京市湖南路1号A楼，邮编：210009
出版社网址	http：//www.pspress.cn
印　　刷	南京新世纪联盟印务有限公司
开　　本	720 mm × 1 000 mm　1/16
印　　张	8
字　　数	160 000
版　　次	2024年6月第1版
印　　次	2024年6月第1次印刷
标准书号	ISBN 978-7-5713-4202-9
定　　价	39.80元

编辑导读

研究表明，约 80% 的信息是通过视觉系统完成学习的。孩子从理解语言以前，就已经开始通过观察父母的行为来进行学习了。模仿是人天生的本能，儿童的模仿能力极强，父母怎样做，孩子就会怎样学。孩子是父母的影子，父母的行为表现会对孩子的成长产生很大的影响。

因此，父母要做孩子的好榜样，在管教孩子的同时，更要约束自己的行为。父母的一言一行，孩子都会看在眼里，父母做得好，孩子也会加深对父母的崇敬，希望成为像父母一样的人，更积极地向父母学习；父母做得不好，孩子则会对父母产生不满，从而寻找其他的模仿对象，更容易陷入困惑中。

本书针对孩子易出现的坏习惯、情绪管理难题、自立能力缺失、学习能力低下等问题，围绕言传身教的思想，为父母提供指导方案和解决策略。同时，还为父母提供自我反思、自我改变的建议，帮助父母成为孩子的好榜样。本书还给出丰富的亲子陪伴成长游戏，运用游戏的力量促进孩子成长。

目录

第一章
父母是孩子最好的榜样

第二章
好的环境才能养出好习惯

第三章
父母拥有好情绪，孩子情绪不失控

第四章
父母适度放手才能养出自立的孩子

第五章

从小养成好的学习习惯，未来学习不用愁

第一章
父母是孩子最好的榜样

模仿是孩子的天性，1 岁前牙牙学语，3 岁时玩“过家家”，6 岁时模仿动画片里的人物……孩子通过模仿学习各种知识，掌握各种技能，形成各种行为习惯，逐渐形成自己独立的人格。父母是孩子最亲密的人，也是孩子成长中最常模仿的对象。因此，我们更应该注意自己的一言一行，我们给孩子多少爱，给孩子怎样的爱，都会在孩子的身上留下烙印。

成为“孩子”才能教好孩子

站在孩子的角度考虑问题

大人的世界与孩子不同：大人觉得温热的水，孩子可能觉得很烫；大人眼中一个废弃的纸箱子，在孩子眼中却是有趣的“城堡”……大人和孩子沟通时总觉得吃力，可能是因为大人和孩子眼中的世界不同。要想和孩子顺利沟通，父母要站在孩子的角度，理解孩子的感受，这样才能给出更适合孩子成长的建议和帮助。

和孩子一起玩

- 父母要适时放下架子，把孩子当作玩伴，一起享受游戏的快乐，才能真正走进孩子的世界。

了解孩子的想法

- 父母多了解孩子的想法，有助于预判孩子的行为，选择出适合的方式教育孩子。

站在孩子的角度观察孩子

世界上没有十全十美的人，也就没有十全十美的父母。父母也会犯错，但在管教孩子时，一些父母却总是认为自己是对的，在解决问题时也总习惯性地代入自己的视角。但是成长如小马过河，父母的经验对于孩子来说未必完全可靠，孩子需要独立尝试和思考才能真正长大。

了解孩子，换位思考

尊重孩子必须了解孩子，不但要了解他们的发展特点、兴趣、爱好，还要了解他们的优点和缺点，真正地理解他们，才能在对孩子的要求、教育问题上做到有的放矢，而且能被孩子接受。父母总喜欢以成人的视角来看待孩子。实际上，孩子的世界与成人的世界常常大相径庭，他们有自己的思考方式。一些家长在教育孩子的时候很喜欢控制孩子，希望孩子可以按照自己的要求做事情，很少询问孩子的想法和意愿。但是，成年人的思维逻辑与孩子不同，面对成年人的指挥，孩子可能会表现出不解和抗拒，甚至会觉得情感上受到了伤害。有些时候，父母没有了解事情发生的完整经过，误会了孩子，也会让孩子

父母说话之道

“宝贝，你对此是什么感受呢？”

感到受伤。随着年龄增长，孩子开始抱怨“爸爸妈妈根本不懂我”，与父母之间的隔阂越来越深，出现叛逆行为，更加难以管束。

教育孩子需要设身处地从孩子的角度想问题，体会并理解孩子的感受。理解孩子，站在孩子的角度思考，父母才能真正窥透孩子的心，从而适时、适度地有效指导孩子的行为，这样孩子将来也能更好地融入社会，获得成长。

耐心观察

蒙台梭利提出，成人的喜好、期望或者限制，都能进入孩子的心智，影响孩子的一言一行，使他们的内心发生许多变化，过多的干扰会让孩子失去很多自我发展和自我教育的机会。所以，为了使孩子的心理自然发展，父母在一些事情上面最好保持中立的态度，平和地观察孩子的发展和需要，给予必要的帮助，慎重地表达自己的喜好和期望，绝不轻易下命令。

蒙台梭利提出，父母要成为一个耐心的观察者，而不是一个对孩子的举动横加干涉的领导者。父母要尊重自己所观察到的一切，而不是把自己的意志强加到孩子身上。即使家长对孩子有这样或那样的期望，也不要急功近利，只要认真观察，从语言和行动上加以引导，就能正向影响到孩子，孩子会无意识地向着令家长满意的方向努力，这就是“期望效应”。所以，对孩子抱有适当的期望，满怀欣喜地充当孩子的观众，就是给孩子最大的鼓励。

孩子与大人的不同之处

身体大小和生理发育的区别

• 孩子对声、光、热的感知更敏感，嗅觉、味觉也更敏感。

• 孩子的视线高度更低，更关注地面上的东西。

心理状态和认知的差异

• 孩子通常以自我为中心，好奇心旺盛，模仿能力强。

生活经验的差距

• 孩子的生活经验较少，遇到新鲜事物时总想去尝试。

父母要花时间和孩子聊聊天，做一些共同感兴趣的事情。

事实上，由于没有意识到这一点，很多父母都在不知不觉中扼杀了孩子刚刚开始表现出来的积极性。父母必须学会尊重孩子的个性。无论任何教育行为，要想行之有效，首先必须帮助生命得到充分、自由的发展。

当孩子正在努力做一件事情时，只要不是危险的，父母不要急着说“不许动”三个字，要做到沉着冷静地观察。当孩子把自己置于有潜在危险的环境而不自知时，父母再出来劝阻。所以，我们更应该先从思想上确认下来，重视保护孩子的积极性这一点。

我们可以通过观察了解这些内容：

孩子在干什么？

他想解决什么问题？达到什么目的？

他为什么想要这个？

他的身心处在什么状态？什么发展水平？

还有什么方法可以促进他的发展？

像孩子一样说、一样做，孩子才会听

杨绛在《我们仨》中的故事感动了很多人，她与丈夫钱钟书、女儿钱瑗三人温馨和睦的关系也令很多读者羡慕。杨绛在书中提到，钱钟书从不摆出父亲的威严，他比女儿还要顽皮。正是他敢于放下“家长”的身份，平等地与孩子沟通、相处，才造就了亲子间如此亲密的关系。

平等沟通

孩子大了，有主意了，在一些事情上会做出与父母不同的选择，这说明孩子的社会性在进步和发展，也是孩子走向独立的第一步。父母要注意对孩子说话的口气和方式，要认真听孩子讲话，让孩子感到被尊重；尽量不用命令的口气让孩子干这干那；不当众责骂孩子，保护孩子的自尊心。以平等的态度对待孩子并不是娇惯，受到父母充分尊重的孩子，大多与父母关系亲密，待人友善，懂礼貌，举止大方，自我独立意识强，而这些正是每个父母所期望的。

做好榜样

在与孩子相处过程中，我们可能会发现孩子有各种不当行为，而在纠正孩子行为的同时，我们还应该主动反思：孩子出现这些行为，是否是受了我们的影响？孩子是父母的影子，而我们是孩子的镜子。身教比言教重要，我们是孩子的第一个榜样，应该严格要求自己，要注意自己的一言一行，一举一动。比如，如果我们不想让孩子把衣服乱扔在地上，那就应该每次都把自

己的衣服规规矩矩地挂在衣钩上，再给孩子准备一个适合他身高的衣钩，让他模仿我们的动作。所以如果孩子犯了错误，我们说了很多次也不管用，那么不妨减少说教，自己当着孩子的面多示范几次正确的做法，也许会有不一样的效果。

成人思维里藏着中伤孩子的"语言"

一些父母希望孩子能快一点学会遵守社会规则，总是告诉孩子这样不可以、那样不可以，但父母的阻止、压制可能会让孩子感到沮丧和不安。而孩子哭闹时，父母会感到烦躁不安，有时认为孩子是在威胁自己，不肯安慰孩子，或是认为孩子太脆弱，希望通过“挫折教育”让孩子学会控制情绪，变得更坚强。但事实上，孩子的大脑还在成长中，控制情绪的区域还未发育成熟，哭闹是孩子表达情感的本能。安抚孩子的情绪，并不意味着纵容孩子，恰恰相反，只有当孩子冷静后，大脑才能继续理智思考并控制自己的行为。父母粗暴地阻止孩子哭闹会伤害孩子，导致孩子情感被压抑，影响心理健康。

这些话不要对孩子说

- “这孩子，真是被惯坏了。”
- “爸爸妈妈为你付出了这么多，你要争气。”
- “别哭了，有什么可委屈的！”
- “把玩具送给小朋友好不好，别那么小气！”
- “不可以就是不可以。”
- “怎么就只欺负你呢？”
- “怎么又犯错了？能不能别再闯祸了。”

父母说话之道

“宝贝，我知道你很难过，让我抱抱你，安慰你一下，好吗？”

一个温暖的拥抱能帮助宝宝快速平复心情。

善用语言教育孩子

说话时要顾及孩子的感受

大伟买了新玩具，不舍得让小朋友们玩，老是把所有玩具都捧在怀里，躲着小朋友们走。大伟妈妈就嫌他小气，吼他过来跟大家一起玩。可是他不肯听，这下妈妈就火了，一边数落他小气，没出息，一边把他的玩具远远地抛出去了，说："既然不肯跟别人一起玩你的玩具，那就不要玩了。"大伟委屈地哭个不停，其他的小朋友也吓坏了，都紧紧地靠在妈妈身边不敢出声了。

用沟通的方式引导并帮助孩子

启发孩子找出解决问题的方法

• 帮助孩子发现问题，引导孩子思考问题，既锻炼了孩子解决问题的能力，还尊重了孩子本身的意愿。

向孩子确认听到的信息

• 让孩子知道父母在听他说话，理解他的困境，而非评判他的行为。

改变沟通方式，让孩子听话不是因为惧怕

如何能让孩子听话，几乎是所有父母都会关心的话题。孩子从2岁起开始逐步形成自我意识，也开始和父母有不一样的想法，"不"字常挂在嘴边，似乎把"唱反调"当成了一种乐趣。父母要逐渐转变说话方式，不能一味地用镇压、胁迫的方式让孩子顺从，而是要让孩子从内心认可父母的话。

"打骂教育"不可取

2岁的孩子语言水平不足，又缺少常识经验，沟通起来很困难。"孩子太小，不记事儿，讲道理没用，不打不长记性！"一些父母可能听过这样的言论，会选择打骂教育，觉得这是在给孩子立规矩，让孩子长记性。但是，打骂会让孩子的身体和心灵都受到伤害，孩子太小，任何暴力都可能造成严重的伤害，甚至可能造成无法挽回的结果，在心灵上还会造成安全感缺失，对父母产生恐惧。孩子虽然表面听话，但未必真正理解了父母不让自己这么做的原因，在父母没有看管的情况下，面对诱惑时可能仍无法自我控制。缺少平等沟通时，孩子只是迫于对暴力的恐惧而服从父母，并非真正认识到了问题所在。

沟通是一门艺术

要让孩子形成自我控制的意识，还是需要耐心沟通。良好的沟通是一门艺术，相关的时间、地点、环境和方式都要考虑到。当孩子希望保留一些自己的空间时，父母要避免步步紧逼。

当孩子情绪波动较大时，父母要给孩子足够的关心和安慰。父母可以拥抱、抚摸孩子，传达给他沉默而温暖的信号，帮助孩子冷静下来。

有时候，父母和孩子可能因为争吵、误会导致沟通变得困难，这时候，我们可以用写纸条的方式进行交流。写字时，我们写在纸上的话语会更谨慎，而孩子在读纸条时，也有更多的时间思考。如果孩子太小，还不识字，父母还可以选择用画画、录音等方式进行沟通。

用沟通和承担责任取代惩罚，孩子会意识到父母尊重他，他就很愿意接受父母的指导。孩子一天天在长大，懂的事越来越多，自主意识越来越强，所以父母就需要更有说服力的道理，而不是以权威姿态来压制和惩罚他。

养成积极沟通的习惯

父母在日常与他人相处的过程中，也要注意自己的沟通方式，尽量做到语言文明、温柔和善——即使在被冒犯的情况下，也要做到不卑不亢、据理力争、不失风度，为孩子做沟通的榜样；沟通受挫时不愤怒、不气馁，遇到矛盾能做到对事不对人，积极思考解决问题的方法。每次全家一起外出，每一次与亲朋好友团聚时，父母的一言一行孩子都会看在眼里，在潜移默化中形成沟通的意识，在成长中不断实践，掌握控制情绪、应对分歧的技巧。

孩子的情绪需要出口

• 无论是哪一种情绪都需要一个出口，我们高兴时希望与他人分享喜悦的心情，难过时希望他人理解我们的悲伤，孩子也是如此。除了面对面的交流，父母还可以通过孩子的画作、文字等多种方式实现沟通，了解孩子的内心世界。

父母说话之道

"宝贝，我知道你很喜欢这些玩具，小朋友们也很喜欢这些玩具，想和你一起玩，你可以和他们一起玩吗？"

并非每次沟通都能得到想要的结果，父母适当让步，会更容易与孩子达成共识。

沟通不是单向输出

• 沟通的目的在于彼此了解、达成共识，而不是让孩子按照自己的意愿行动。一些父母在与孩子沟通时，只注重“说”的部分，却忽视了“听”的重要性。在沟通过程中，不妨听一听孩子说了些什么，了解孩子在成长中的烦恼与困惑，才能帮助孩子解决问题，把话说进孩子的心里。

不滥用训斥、不吝啬表扬

自尊心是人类重要的社会情感，是向上的内在动力。幼儿期是孩子自我意识的形成时期，他们此时已经开始注意别人对自己的评价，比较注意保护自己的自尊心。孩子的自尊心是孩子健康成长的重要心理因素，如果损害、挫伤孩子的自尊心，容易使他失去前进的动力和勇气，带来不良的后果。所以，要尊重孩子，首先要重视和保护孩子的自尊心，不要当着别人的面批评孩子。当孩子做错事时，父母应克制自己的情绪，先了解情况，等平静下来后再用和蔼的态度给孩子讲道理，或作适当的批评教育。父母批评孩子要注意分寸和场合，不能动不动就训斥和恐吓。

父母关注什么行为，这种行为就会逐渐变成孩子的习惯。父母应该多加关注孩子好的一面，对良好行为给予及时、恰当的奖励，不良行为在纠正后就不再提及，让不良行为没有加深印象的机会。父母不要因为孩子的不良行为打骂指责孩子，而要去发现孩子的长处。对于那些个性很强、精力旺盛、从不受别人指使的孩子更应该这样。父母发现了孩子的长处，要尽量对他的良好行为给予夸奖，当他听到父母

2 岁左右的孩子，就会开始在意父母的评价，为了得到认可会有意识地展现好的一面。

的夸奖时，会变得听话起来。对于孩子好行为的夸奖越早越好，孩子年龄越小，实施起来越容易，效果也越明显。

不当表扬会限制孩子成长

无论是表扬奖励还是提示修正，如果运用得当，就会收到好的效果；反之，则会产生负面的、与父母预期相反的效果。孩子做出值得表扬的事情，才能给予表扬，过度表扬孩子，会使他变得目中无人、目空一切。对于一个本身很优秀的孩子来说，表扬的目的应该在于使他获得更有力的支持，把自己的优势延续下去，而不是使他产生满足感，觉得自己很了不起。

父母说话之道

“宝贝会自己穿衣服，扣扣子了。
今天一个扣子都没扣错，
宝贝真细心！”

表扬孩子要做到真实、具体，让孩子能从表扬中客观地认识自己。

你的表扬会影响孩子的自我肯定感

一个享有自由并能自我约束的人，会追求那些真正能鼓励他的奖赏，而忽视与他的兴趣毫不相干的奖励。一个具有了主动性的孩子也是如此。有些父母经常用糖块奖励听话的孩子，或者罚出错的孩子站墙角等，且自以为很有效。但是在孩子心里，他找不到刚才的行为与糖块或墙角有何联系，刚开始他会对受到的奖惩感到迷惑，但逐渐地，成人不容置疑的态度使他的内心发生转变，孩子对事情本身带来的感受减弱了，他们了解到父母的反应才是决定自己命运的关键。从此孩子将依赖于父母的态度和指导行动，他内心的自主性就被外在的东西所取代。

如何为孩子做榜样

改变孩子，从改变自己做起

父母要为孩子做好榜样，在生活中进行正向引导，用行动向孩子展示自己的观点。从改变孩子的认知开始改变孩子的观念，从改变孩子的观念开始改变孩子的行为。

拒绝语言暴力

- 有的父母“刀子嘴豆腐心”，心中虽疼爱孩子，却总是对孩子恶语相向，甚至还有的父母喜欢讽刺孩子，说话时阴阳怪气。这些行为会影响孩子的表达习惯，说话时可能无意间伤害周围的人。

自我约束

在家庭教育中，父母的自我约束是更具有说服力的教育方式。父母严格自律，作息时间规律、做事专心不拖延、健康饮食，孩子也会模仿他最亲近的人，从小养成好习惯。

坚持读书学习

浓厚的学习氛围能让孩子自然而然地爱上学习。如果父母认为学习是一件快乐的事情，在休息时间总是自觉地拿起书本，那么孩子就不会觉得读书学习是件痛苦的事情。

乐观的心态

乐观是一个人情绪的关键调节器，可以帮助一个人在生活中，保持一种积极向上的状态。生活中的烦恼和困苦无可避免，但我们可以转变自己的心态。从积极、正面的角度去看待事情，很多烦恼就会烟消云散，也能给内心增添信心和力量。父母心态乐观，能够提升孩子的幸福感，即使身处逆境，也能保持良好的心态。

不贴标签

父母不要随意评判他人，更不要随意评判孩子。贴标签是一种武断的行为，人是具有多面性且不断发展的个体，标签会导致我们难以客观地看待他人，容易对他人产生偏见。给孩子贴标签还会造成心理暗示，导致孩子难以自我改变。

和孩子共同成长

在亲子关系中，父母看似是主导者，却也会受到孩子的影响。亲子之间相互理解、相互依赖，才能共同成长，成就彼此。

一位妈妈曾这样分享自己的经历："记得当年，我生完女儿在医院只住了3天就回家了。我因为生孩子而紧张激动的心情久久不能平息，可是没有人与我交谈，与我分享。家里所有的人都忙着买菜、做饭、洗尿布，没有人意识到我还有交谈和表达情绪的需要。我的紧张很快转化为抑郁和愤怒，终于在一天晚上，我伤心不已，抱起女儿坐到阳台上抽泣。我清楚地记得，女儿就在我的怀里，枕在我的左臂上，一手抓住我的睡衣，一手抓着我的右手食指，刚睁开几天的眼睛里居然就闪着忧郁。她静静地注视我，一点声音都没有，好像在分担我的悲伤。即使后来我哭出了声，她也一样坚定地注视着我，丝毫没有害怕的表现。我当时就知道，女儿的心和我是相通的。从那一刻起，我就不把她当作单纯的婴儿，她还是我的心灵伙伴，她无声的体贴与支持，使我自惭形秽起来。就是从那天起，我决定要以身作则，时刻给她以榜样的力量，坦然地面对一切困难。现在，女儿4岁了，性格乐观，同时，我在她的影响下，也更加开朗起来。"

世界上没有完美的父母，父母的错误与挫折对孩子同样有着深刻的教育意义，而重视孩子的反馈，也能让父母成为更好的自己。

保持良好的人际关系

- 父母待人真诚、和善，说话做事总顾及他人感受，在人际交往中总能获得舒适和自在，孩子就会更愿意与他人交往。

并不是每个父母，都拥有光辉灿烂的人生，只要保持努力拼搏的生活态度，就是孩子的好榜样。

父母说话之道

"一个乐观主义者，即使处于一无所有的境地，也能找到通向幸福之路。"
——马克・吐温

第二章
好的环境才能养出好习惯

亚里士多德曾说："人是社会性动物。"每个人都会或多或少受到群体的影响，因此，一个好的环境对于人的成长非常重要。去健身房或操场能让我们更有运动的动力，去图书馆则能帮助我们产生学习的意愿，父母为孩子营造健康向上的家庭环境，也能够帮助孩子养成好习惯。

说谎，别只会批评

分清楚孩子是不是真的在说谎

晶晶一直是家里的心头肉，最近，爸爸妈妈发现晶晶学会“说谎”了。比如不小心把喝水的杯子打碎后，爸爸妈妈问她怎么回事，她会说是小狗碰掉的。“说谎”关系到孩子以后性格的发展，爸爸妈妈很着急。

孩子说谎的原因

怕受到惩罚

• 解决办法：面对现实，大家一起寻找解决办法。

引起大人的注意

• 解决办法：反思自己，多和孩子沟通。

读有教育意义的书

通过读《狼来了》《金斧子银斧子的故事》等有教育意义的故事书，能帮助孩子树立正确的道德观。

不要严厉惩罚

父母惩罚得越严厉，孩子越有可能说谎。当孩子说谎时，父母要让孩子自己意识到错误，慎用严厉的惩罚。

2 岁内的孩子没有真假概念

曾经有一个小女孩向邻居阿姨说，她的妈妈会做一种特别好喝的蔬菜汁，每一位去过她家的小朋友都尝过，这种蔬菜汁色香味俱全，而且很容易制作。这种食物引起了邻居阿姨的兴趣，她到小女孩的家里向女孩的妈妈请教蔬菜汁的做法，结果发现小女孩的妈妈根本不会做什么蔬菜汁。

拆穿孩子的谎言不能阻止孩子继续说谎，只会让孩子下次把谎言编得更加周全。

小女孩的谎言只是表达了她对妈妈厨艺的敬佩，以及她想品尝这样的蔬菜汁的愿望，是个基于现实和想象之间的描述。孩子在 2 岁左右经常混淆现实与幻想，会说一些没有发生过的事情，这种谎言并不是故意的。只有当孩子有意识地说谎时，才标志着他已经理解真与假的区别。对于孩子充满幻想的“谎言”，父母没有必要大惊小怪，可以多做一些与现实紧密结合的活动，引导孩子从幻想的世界中走出来。

孩子说谎很大原因是怕被惩罚

你的孩子是不是经常在做错事之后推卸责任，用说谎来掩饰？其实这就是人性“趋利避害”的特点，“孩子的不诚实基本上是恐惧的结果”，这是常见的儿童说谎的原因。

父母说话之道

“宝贝，即便你说谎了，只要你勇敢说出真相，我也会原谅你，因为我爱你。”

开头的故事里，晶晶也是觉得摔碎了杯子会被批评才不愿意承认。这就是一个典型的害怕惩罚而撒谎的例子。对于这类情况，父母应当让孩子明白撒谎不能解决问题，可以用别的方法解决问题。

父母要妥善处理孩子的错误

当孩子犯错时，父母需要鼓励孩子承认错误、承担责任，和孩子一起想办法解决问题，弥补错误。父母要做出表率，不要觉得在孩子面前承认错误有损形象，会失去做父母的权威，相反，敢于向孩子承认错误的父母为孩子树立了好的榜样。美国心理学家罗达邓尼也曾说："父母错了，或违背自己许下的诺言时，如果能向孩子说一声对不起，可以帮助孩子建立自尊，同时培养孩子尊重他人的习惯。"

做真诚的父母

不从孩子口中套话

• 父母真诚与否，孩子能感觉出来。诓骗孩子吐露实情会让孩子对父母失去信任。

耐心听孩子说话

• 孩子的表达能力弱，时常会出现词不达意的情况。父母要耐心听孩子把话说完，不要轻易评判孩子。

表达自己的真实情感

• 父母总是希望了解孩子的真实想法，却在孩子面前隐藏自己的脆弱，这对孩子是不公平的。

父母要鼓励孩子说实话，给孩子承认错误的勇气。

父母说话之道

"宝贝，每个人都会不断地犯错误，要把犯错看作是学习的机会，而不是无能的表现。"

孩子说谎，父母要引导

父母不要迁就孩子说谎的行为，也不要逼迫他认错，要让孩子尽可能说出为什么要说谎。当孩子讲述真实情况时，要对他坦诚的态度予以赞同和肯定，引导他自己意识到说谎不是正确的行为。

父母要指导孩子准确地表达真实的自我，并树立正确的观念。谎言有各种类型，有些是为了逃避责任，有些是为了谋求利益，需要父母根据实际情况区别对待。

父母行为宜忌

儿童说谎行为管教宜忌！

偶尔说谎是正常的现象，父母不必大惊小怪

无恶意的谎言可以忽视

坚持不说谎是一件很难的事。即使孩子与父母关系很亲密，品行很好，也可能会因为想避免麻烦，保留私人空间而说谎。父母对此要予以理解，不要有“我这么信任你，你居然骗我”这样的想法。对于偶尔出现的无恶意的谎言，父母不必过分在意。父母不必将说谎行为与品行恶劣联系起来，这会让孩子产生强烈的羞耻感，导致孩子更努力地遮掩事实。

允许孩子有**自己的秘密**。孩子拥有秘密说明其拥有了独立性，需要独立承担起责任。虽然这可能会让父母提心吊胆，害怕孩子在自己看不到的地方遇到危险或误入歧途，但独立面对挫折和诱惑是孩子成长路上不可缺少的一课，父母要给孩子留有**独立空间**。

为孩子**打包票**：“我们家孩子家教很严格的，他不可能骗我”。再懂事的孩子也可能因为一些事情而说谎，要求孩子从不说谎是不现实的。父母过高的期望会让孩子感到**压力**，为了不让父母失望而选择隐瞒真相。

孩子说出真相时父母**暴跳如雷**。当孩子没有按照父母期望的那样行动时，父母表现得极度失望，甚至情绪失控，会让孩子产生**恐惧**，觉得父母不再爱自己了。父母要避免在冲动之下做出过激行为，给孩子足够的安全感，让孩子知道父母是无条件爱他的。

亲子陪伴成长游戏

狼来了

适宜年龄：3岁以上 用具准备：无

练习方法： 1. 先给孩子讲《狼来了》的故事，让孩子熟悉故事情节。2. 妈妈扮演大灰狼，爸爸扮演农夫，孩子扮演撒谎的小孩。3. 妈妈躲起来，孩子对着爸爸大喊："狼来了。"爸爸冲出来，发现没狼后沮丧地走开。4. 在孩子喊了3次"狼来了"后，爸爸不再出来，妈妈出来"凶狠"地抓住孩子。5. 在游戏中让孩子了解说谎有害的道理。

颠倒歌

适宜年龄：4岁以上 用具准备：无

练习方法： 1. 给孩子读《颠倒歌》：太阳出西落在了东；胡萝卜发芽长了一根葱；天上无云下大雨；树梢不动刮大风；滚油锅里鱼打浪；高山顶上把船撑。2. 孩子可能有的地方理解不了，父母要把意思仔细地讲给孩子听。3. 和孩子一起大声地念儿歌，向孩子说明谎言有多么可笑。

真话假话

适宜年龄：4岁以上 用具准备：无

练习方法： 1. 全家人围坐在一起，每个人说出三句话，其中两句为真话，一句为假话，其他人猜哪句话是假话。2. 刚开始玩游戏时，爸爸妈妈可以说一些容易识别的假话，比如，"妈妈的眼睛有苹果那么大"，这样可以提升宝宝参与游戏的兴趣，让宝宝在游戏中学会区分真话和假话。

做事总是拖延

时间观念需要从小培养

星星今年 4 岁，做事专注有耐心，学过的知识也都记得很牢固，但就是有一个问题，每次爸爸妈妈要求星星睡觉、洗澡或者吃饭时，星星总会说“等会儿”，从不立刻去做。星星小小年纪就有了“拖延症”，爸爸妈妈很苦恼。

孩子爱拖延的原因

没有时间观念

• 解决办法：带孩子认识钟表，养成规律的作息。

任务过于复杂，害怕犯错

• 解决办法：分解任务，适时给予孩子鼓励和指导。

节奏被打乱

• 解决办法：减少催促次数，让孩子自己安排时间。

拖延是逃避任务的下意识行为

父母可能遇到过，该睡觉了、该洗澡了、该吃饭了，催了好几次，孩子还是磨蹭着不肯执行的情况。孩子的控制能力和规划能力都比成人弱，孩子的心思全在自己感兴趣的事情上，对于不感兴趣的事情，往往是能拖就拖。

孩子的思维和执行能力与大人是不同的，如果错误地预估孩子的能力，交给孩子过于困难、复杂的任务，孩子不知道应该如何完成，或者此时已经感觉很累，执行力就会下降，出现逃避、拖延的现象。

调动孩子的执行力其实并不是很困难，家长可以找到孩子感兴趣的点，然后再让孩子从兴趣中学会时间管理。调动孩子兴趣的方式是多样化的，比如，孩子喜欢贴纸，家长可以通过贴贴纸的形式来将计划一项项列出来，在孩子按时完成后，将他喜欢的图案贴到单独的列表中。

严重的拖延行为是一种复杂的心理问题，可能是压力过大、身心疲劳，导致执行力下降，心有余而力不足，此时父母的催促会加重孩子的焦虑和拖延，应该给孩子一些休息时间，带孩子去户外运动、补充睡眠。如果孩子的拖延行为仍然非常严重，且时时拖延、事事拖延，则需要及时去医院，寻求医生的帮助。

增加户外活动量可以提高孩子的执行能力。

设定具体的最后期限

孩子在玩耍时难以察觉时间的流逝，此时，家长可以给孩子设置闹钟，让孩子在听到铃声时知道时间到了，该停止玩耍了。除了玩耍，写作业、洗漱时也可以为孩子设置闹钟，让他按时完成，培养时间观念。孩子学习、玩耍、看电视、吃东西……父母都可以给孩子设定一个合理的时间，要求孩子在规定的时间内完成，比如，吃饭时间、看电视时间应控制在 30 分钟以内。

适当用“倒计时”的方法让孩子意识到时间的紧迫感，可以激发孩子挑战的“斗志”，同时让孩子学会更好地管理时间。

家长可以在日常生活中强调时间，比如，当孩子早上起床时说：“现在是早上 7 点钟了，宝贝，该起床了。”快吃中饭时说：“现在是中午 12 点了，宝贝，该洗手吃饭了。”……家长可以在固定的时间点做固定的事情，并在话语中强调现在是什么时间段，在潜移默化中，让孩子感受时间节点的变化。

孩子容易出现拖延的情况

吃饭：吃饭时，孩子可能边吃饭边看动画片，父母要定好规矩，吃饭时全家人都不看电视、手机。

起床、穿衣服：早上起床时，孩子可能没睡够，想再多睡会儿，起床、穿衣服的动作很慢，父母越是着急，孩子反而越不急。父母可以减少催促，培养孩子的自主性。

写作业：写作业时，孩子有时需要一些时间思考，父母催促可能会打断孩子的思路。父母可以适当给孩子一些时间和空间思考。

整理物品：整理物品需要较强的条理性，在整理前，父母可以带孩子先做计划，确定要将物品按照什么规则摆放。

宝宝 5 岁以后就可以通过钟表认识时间了。

父母说话之道

“宝贝这次动作很快，省了不少时间！”

父母行为宜忌

儿童拖延行为管教宜忌！

减少催促，给孩子自我规划的空间

复盘完成事情的过程能帮助孩子积累经验，父母可以陪孩子一起回顾这些问题：

- 在哪一步花费的时间比较多？
- 完成任务过程中是否有拖延现象？
- 有没有其他节省时间的办法？
- 完成效率高的部分是怎么做的？

过度催促会打乱孩子的节奏

孩子做事情有自己的节奏，心急的家长看到孩子慢悠悠地做事，就忍不住想要催促他，想要让他动作快一点。但家长的催促会在无形中打破孩子的内心秩序，让孩子感到烦躁不安，还可能产生逆反情绪。家长时时催，事事催，还会让孩子产生依赖，造成时间观念弱化。孩子一旦离开父母，就会跟不上集体节奏，导致更大的麻烦。

父母要教孩子**制订计划**，让孩子养成做事有规则、有计划的良好习惯。之后，父母只需要给出任务的完成时间，给孩子**自己安排时间**的机会，这样既能够锻炼孩子的自我管理能力，还能让孩子感到被信任和尊重。

适当地让孩子认识到不遵守时间的**后果**，也是让孩子学会**遵守时间**的重要方式之一。孩子没有及时行动导致迟到或未完成任务时，家长就不要替孩子解决因为拖延造成的麻烦，让孩子自己承担拖延造成的后果并想办法解决。

亲子陪伴成长游戏

限时挑战

适宜年龄：3岁以上　用具准备：计时器

练习方法： 1. 在规定时间内让孩子完成一个随机的任务，比如，背一首前天教的儿歌、小诗，或者画一个图形等。2. 当孩子背出或画出后，及时给予孩子鼓励，并给孩子一些小奖励；答不出也不要责骂，可以再尝试一次。3. 注意规定的时间不宜过长，2分钟左右即可。

一分钟可以做什么

适宜年龄：4岁以上　用具准备：秒表、筷子、玻璃球

练习方法： 1. 父母按下秒表，让孩子估计一分钟的长度，当孩子觉得已经到一分钟时喊“停”，父母按下秒表，给孩子看实际经过了多长时间。2. 父母计时一分钟，让孩子试试一分钟能走多远，一分钟用筷子能夹起几个玻璃球。3. 让孩子开动脑筋，想想一分钟还能做什么，和父母一起试一试。

计时拼图

适宜年龄：4岁以上　用具准备：计时器、拼图

练习方法： 1. 先让孩子看一下拼图，然后将拼图打乱，规定5分钟内重新组合拼图。2. 孩子第一次拼时难免慌乱，父母一定要及时给予鼓励，和孩子一起总结慢的原因。3. 刚开始拼拼图时，拼图应当简单一点，可以是10块左右的简单拼图，当孩子熟练后，可逐步增加块数，同时缩短拼图时间。

沉迷游戏

帮孩子找到生活的乐趣

前些日子，菲菲总要手机玩游戏，菲菲妈妈没办法，只能给她手机。最近，菲菲看东西总是歪头、眯眼，去医院检查发现视力下降了。菲菲很难过，但还是抵制不了游戏的诱惑。妈妈说："菲菲，咱们约定每天只玩半小时，可以吗？"菲菲答应了，并且郑重地和妈妈签了协议。

孩子沉迷游戏的原因

逃避现实

• 解决办法：和孩子一起解决现实中遇到的困难，帮孩子重拾信心。

生活乏味

• 解决办法：带孩子参加他喜欢的活动，培养一些健康积极的兴趣爱好。

受同龄人影响

• 解决办法：带孩子多认识些新的、积极向上的朋友，淡化少数同龄人对孩子消极影响。

新奇的刺激让孩子难以自拔

年幼的孩子通常对新奇的事物更加敏感，对游戏中的亮丽图形、声音和动画更容易产生兴趣，游戏胜利则给孩子带来了心理上的满足感、愉悦感，游戏设计者利用人类大脑的奖赏效应，吸引玩家不断地参与游戏，这就是不知不觉上瘾的过程。父母应尽量延后孩子首次接触电子游戏的时间，尽量拉长下一次玩游戏的时间，避免成瘾。有些时候，孩子会受到同龄人的影响，如果身边的小伙伴总是谈论游戏内容，孩子也会为了获得认同感、融入集体而玩游戏。这时家长应关注孩子的人际关系情况，帮助孩子建立人际交往过程中的自信，允许孩子在合理的时间范围内玩游戏，但要避免沉迷。

向孩子了解游戏内容

如果孩子已经沉迷游戏一段时间，那么阻止孩子玩游戏会很困难。父母除了要严格管控游戏时间外，还需要让孩子从心理上戒断游戏的"瘾"。

《中国游戏领域未成年人保护白皮书》提到，对游戏内容了解的家长，在与孩子沟通、管控孩子游戏时长时更有效。所以，父母不妨主动向孩子询问游戏的内容，和孩子讨论游戏，缓和亲子关系，建立信任。

和孩子一起玩游戏可以促进亲子沟通，提高孩子的"游戏素养"，降低成瘾概率。

限定使用时间

父母可以与孩子约定电子产品的使用时长，3 岁以上的孩子每天使用不超过 30 分钟，孩子可以自己决定在什么时间使用。当约定时间到了后，父母要坚决执行约定。孩子使用电子产品后，要及时休息眼睛，比如，闭目养神或者看远处的景物 10 分钟，避免用眼疲劳。

也可以在家里设置几个“无电子设备区”，如卧室和饭桌，同时，可以放些适合孩子阅读的书。

收好家中的电子设备

正所谓眼不见心不烦，如果电脑、电视总是摆在孩子眼前，孩子就很难不去想它。特别是在玩过几次游戏以后，只要看到了电脑，就会想起玩游戏时的愉悦体验，难以自持。因此，父母要避免将电脑放置在孩子的房间中，也尽量不要在孩子面前玩游戏、看手机。

当孩子想要玩游戏时，要及时转移孩子的注意力，可以陪孩子聊天、玩亲子游戏，让孩子逐渐摆脱对电子设备的依赖性。

培养兴趣爱好

每个孩子都有长处和短处，如果家里的孩子性格外向、活泼好动，可以适当安排些安静的活动，比如，读书、做手工等；如果家里孩子性格偏安静，可以经常带孩子做些户外运动，比如，踢球、跑步、骑车等。同时，家长可以和孩子一起玩，在远离电子产品的同时，还可以增进亲子感情。

当家长有时间时，不要让孩子闷在家里，可以多带孩子出去走走，比如，去公园，参观博物馆、艺术馆、天文馆、植物园、水族馆等，不仅能够让孩子远离手机等电子产品，还能够增加父母对孩子的陪伴与沟通，增进亲子关系，学习各种知识。另外，还可以带孩子多亲近大自然，野营、远足或者只是去大自然中走一走、转一转也是可以的。

家长可以为孩子准备一些可用于集体游戏的玩具，比如，积木、百科图书等，邀请其他小朋友一起玩或鼓励孩子加入其他小朋友群体，这样不仅能让孩子远离电子产品，还能够培养孩子的分享合作意识，为长大后社交时更从容、得体打下基础。

玩游戏后想一想

父母可以提一些问题让孩子思考，比如：

- 这款游戏的哪一点最吸引你？
- 你觉得游戏中的哪个环节还可以改进？
- 最近游戏规则有没有变化，你认为它为什么要变化？

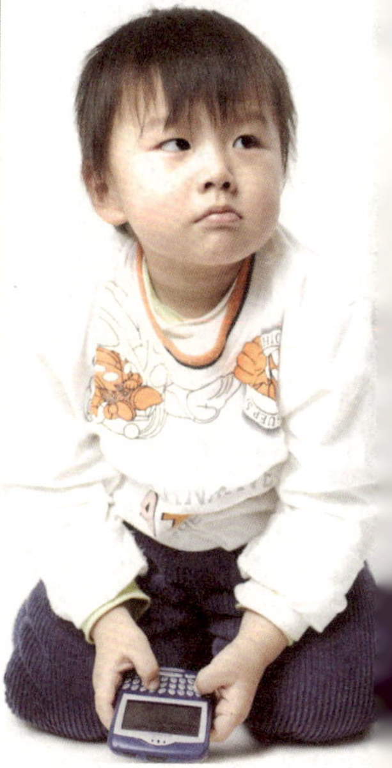

父母说话之道

“宝贝，你已经玩了半个小时游戏啦，咱们出门去散散步吧。”

父母行为宜忌

儿童沉迷游戏管教宜忌！

孩子沉迷游戏，可能意味着内心有孤独感

陪孩子时请放下手机

孩子的人际关系很简单，对于6岁以下的孩子来说，父母是他的主要交流对象。如果父母在陪伴孩子的过程中长时间查看手机消息，不仅会让孩子感到孤独，还可能会发生意外伤害。孩子本应在与父母的相处中学习与人沟通的技巧，却因为父母沉迷于手机而失去了学习机会，其性格发展也会受到不良的影响。

为孩子**筛选游戏**。为孩子选择内容健康、益智的游戏，观察游戏中是否有不良导向的内容，及时予以正确引导，为孩子树立正确的是非观。

和孩子**一起玩**。在游戏过程中，父母能够更了解孩子的处事风格，增进亲子感情。父母还能做好榜样，教会孩子如何看待游戏，如何克制自己。

用**电子产品**打发需要陪伴的孩子。对于3岁以下的孩子，其成长需要多方面的刺激，需要接触现实世界，观察、触摸真实的事物，电子产品能提供的刺激远远不够。如果这一阶段没有获得足够的刺激，可能会导致孩子发育迟缓。

亲子陪伴成长游戏

教孩子玩运动器械

适宜年龄：2~6 岁 **用具准备：**篮椅、摆球、小圆梯

练习方法：1. 篮椅：让孩子坐在篮椅上，教孩子用脚蹬木板，篮椅就来回晃动。可以锻炼下肢。2. 摆球：父母用一根绳子挂一个橡皮球，让孩子坐在椅子上用手击球，可以锻炼双臂。3. 小圆梯：让孩子用手扶住护栏，慢慢地爬小圆梯，有助于锻炼孩子的平衡能力以及自我控制能力。

感受大自然

适宜年龄：2 岁以上 **用具准备：**无

练习方法：1. 天气好时，带孩子到郊外去。告诉孩子天空的颜色、白云的形状。让孩子感受微风拂面。2. 引导孩子观察大树有多高，聆听小鸟的叫声，闻一闻泥土、小草的气味。3. 让孩子在大自然中找到乐趣，慢慢爱上大自然，不再只沉溺在虚拟世界中。

串项链

适宜年龄：2 岁以上 **用具准备：**小珠子、绳子

练习方法：1. 准备 5 个小珠子和 2 根绳子，珠子的孔要大。2. 父母拿起一个小珠子让孩子看一看中间的小孔，然后右手拿绳，左手拿起一颗珠子，将绳子从小孔穿出，右手接过绳头将珠子串在绳子上。父母串出一串项链，戴在孩子的脖子上，激发孩子的动手兴趣。3. 父母鼓励孩子自己动手串项链，孩子完成时，帮助孩子系好绳结。

打人要不得

避免打骂教育

威威 3 岁了，上幼儿园的小托班。玩玩具时，因为争抢一个玩具，他伸手朝思思的头狠狠地拍了一下。晚上接孩子时，望着被儿子打哭的思思，威威妈妈又气又急，告诉老师威威最近在家里也经常打人。威威是受了什么刺激吗？怎么突然变得爱打人了呢？

孩子打人的原因

表示拒绝

• 解决办法：教会孩子正确的拒绝方式。

觉得好玩

• 解决办法：严肃对待，及时制止。

宣泄负面情绪

• 解决办法：帮助孩子找到疏解情绪的办法。

第一次出现“打”人动作时要认真对待

孩子通常会在 2 岁左右出现打人行为，此时孩子处于“自我中心”的意识阶段，当心中有不满时，就会用攻击行为发泄情绪。当孩子第一次有意识地打人时，父母要立即制止，明确告诉孩子“不能打人”。

避免打骂教育

当孩子做错事时，父母可以尝试用语言和表情来制止。如果孩子打人了，父母应立刻抓住孩子打人的那只手，同时严肃、坚定地直视他的眼睛，告诉孩子不可以打人，等孩子情绪平静后，再和他讲道理。

培养孩子的爱心

在早期让孩子建立正确的情感表达方式，并不断强化。比如教孩子亲吻父母、抚摸父母，以表示对父母的爱。跟孩子玩布娃娃，让孩子拍娃娃睡觉、给娃娃盖被、喂娃娃喝奶等。

经常带孩子与其他小朋友一起玩，养小金鱼、种花等，培养孩子的爱心和对大自然的兴趣。

带孩子认识情绪和感受，告诉孩子哪些行为可能会令他人痛苦。

经常表扬孩子好的行为，提高他的自信心，让他感到被爱、被注意。

父母的言行会对孩子产生深刻的影响，父母应时刻为孩子做好的榜样，比如外出乘车给老人让座、遇人问路耐心告知等，都会使孩子得到良好的爱心教育。

父母不仅要阻止宝宝打人的行为，还要教会宝宝正确的沟通方式。

父母说话之道

“如果别人打了你，你会是什么感受呢？”

亲子陪伴成长游戏

摸摸妈妈的脸

适宜年龄：0~3 岁　用具准备：无

练习方法：1. 刚睡醒的孩子稍稍有些不安，当看到妈妈的脸时会感觉很安全。这时妈妈握着孩子的手摸妈妈的脸，也可以用孩子的脚碰妈妈的脸，并说："宝宝摸摸，这是妈妈的脸。" **2.** 引导孩子认识妈妈脸的同时，也教他认识五官，"妈妈的鼻子高高的、眼睛大大的。" **3.** 妈妈将孩子抱在怀里，一边抚摸孩子的手、脚，一边对他说："啊，好可爱的小手、小脚，妈妈特别喜欢呀！"

做关心长辈的可人儿

适宜年龄：2 岁半以上　用具准备：无

练习方法：1. 妈妈为孩子念一首儿歌。

妈妈回到家，上班辛苦啦，
我为妈妈拿拖鞋，妈妈歇歇吧！
奶奶年纪大，腰酸背又疼，
我给奶奶捶捶背，奶奶不疼啦！
爷爷在种花，我送小板凳，
再帮爷爷浇浇水，爷爷不累啦！
爸爸爱看书，我来把书拿，
书架上面书真多，拿来送爸爸！
全家爱宝宝，宝宝爱全家，
从小学会爱，全家乐哈哈！

2. 同时让孩子学着儿歌里的内容，为家人做力所能及的事情。**3.** 此游戏让孩子学会关心家人、锻炼独立的能力，也让家人之间的关系更加亲密。

坐不住

精力过剩是孩子成长过程中的常见现象

淘淘今年3岁，在幼儿园总是坐不住，喜欢东张西望，是令老师头疼的对象。老师让孩子们涂鸦，淘淘描了两笔后，就开始寻找新的活动目标了。淘淘妈妈也很烦恼："怎么办啊？这孩子是不是有多动症？"

孩子坐不住的原因

注意力时长较短

• 解决办法：多做注意力训练游戏。

被其他事物吸引

• 解决办法：移除干扰因素。

精力过剩

• 解决办法：适当加大运动量。

预防血铅超标

父母需注意

血铅超标会导致多动症，以下因素可能导致血铅升高。

油漆、含铅涂料

汽车尾气、工厂废气

松花蛋、爆米花

金属罐头食品

报纸等印刷品

孩子的注意力时长较短

小孩子的注意力很容易被新奇的事物吸引，往往玩着这个，又被那个吸引，总是处于频繁、快速的转换中。当父母希望孩子静下心时，不妨先移除视线之内的干扰物。

从兴趣入手，培养专注力

在培养孩子注意力的时候，应该首先从他们最感兴趣或者是最需要做的事情入手，而不是一味地强迫他们接受自己不感兴趣的东西。

适度运动，释放能量

大部分宝宝在2~3岁时性格活泼、精力过剩，这并不是多动症。宝宝太好动，父母可以这样做：适当加大他的运动量，给他一些有挑战性的游戏，或向他提出较难的问题。

循序渐进，先坚持1分钟

简单的任务会让孩子更愿意完成，如果孩子不愿意一直在座位上坐着，那么就让孩子先在座位上坐1分钟。等到孩子能轻松地在座位上待1分钟后，再逐渐延长他在座位上的时间。

当孩子发现感兴趣的事情时，父母尽量不要打扰他。

父母说话之道

"宝贝，我发现你总是往那个方向看，那边是有什么东西吸引了你的注意吗？"

亲子陪伴成长游戏

给扣子分类

适宜年龄：3~5 岁　　用具准备：颜色、大小、形状不同的扣子

练习方法：1. 家长先示范扣子的玩法：先从不同扣子中挑出一个做样板，再让孩子从一堆扣子中找出与样板一样的扣子进行配对。**2.** 接着宝宝自己创造玩法，可以将扣子按颜色、形状进行分类，还可以练习排序、计数，按照孩子自己的规则归类。

跳房子

适宜年龄：3~6 岁　用具准备：粉笔、石子

练习方法：1. 用粉笔画一些游戏格子，每个格子里都写上一个英语字母，如 A、B、C 等，依次向后。**2.** 向方格内掷入小石子，按字母顺序跳入小方格，捡起小石子，再按照原路返回。**3.** 每跳过一个小方格，就把方格内的字母大声读出来。**4.** 方格内所有的字母都能读熟之后，再写上其他的字母或生字。

木头人

适宜年龄：3 岁以上　用具准备：无

练习方法：1. 爸爸和孩子站在一起共同喊口令：“我们都是木头人，不许说话不许动，不许走路不许笑！”**2.** 口令完毕后，立刻保持静止状态，无论是什么姿势，都必须保持不动。**3.** 如果有一人忍不住先发笑，或者说话，或者动，那么这个人就违反了游戏的规则。其他人就可以点播节目：唱儿歌、跳舞等。

挑食

均衡喂养，孩子不喜欢的食物要鼓励孩子吃

美美最喜欢吃妈妈做的包子了。为了让女儿获得更多的营养，妈妈做了牛肉胡萝卜馅的包子。谁知，美美刚咬一口，就把包子放下了，说包子里有怪味道。妈妈有些困惑了，以前的美美不是这么挑食的，最近怎么越来越难“伺候”了呢？

孩子挑食的原因

进入味觉敏感期

• 解决办法：减少新食材比例，多次尝试，让孩子慢慢接受。

身体不适，存在口腔溃疡、积食等症状

• 解决方法：选择易消化、易吞咽的食物。

饮食习惯不良

• 解决方法：按时就餐，控制糖果、蛋糕等零食摄入。

孩子的味觉很敏锐

其实，美美的“挑食”是感官敏感期的味觉敏感所致。这个时期的孩子，对于同一种食物，味道稍有改变就会感觉出来。有些孩子对酸口味的食品特别敏感，大多数孩子不喜欢胡萝卜、青椒等带特殊口味的食物，如果不能在孩子味觉敏感期之内给予孩子丰富的味觉感受和刺激，就会让孩子排斥某种食品，严重的会长时间影响孩子的口味需求。

父母不要表现出对食物的偏好

在购买食物时，父母可能会无意识地避开自己不喜欢的食物，导致宝宝在味觉发育阶段缺少某种味道的刺激。父母要做好榜样，尽量不表现出对食物的偏好。

不爱吃的也要少吃一些

饮食上有偏好很正常，但不可以任由孩子只吃自己喜欢吃的食物。父母可以尽早立下规矩，比如，不喜欢的食物可以少盛，但盛进碗里的食物都要吃干净，不可以剩下。父母应该告诉孩子饮食均衡的重要性，而且出于对厨师的尊重，即使不喜欢的食物也要吃几口。

爱吃的食物不能吃过量

父母看到孩子大口吃饭都会很高兴，孩子想吃的食物，只要对身体健康有益，就愿意让孩子多吃一些。但吃起自己喜欢的食物就不管不顾，不仅不利于饮食均衡，还会让孩子形成以自我为中心的饮食习惯，甚至养成“吃独食”的坏习惯。父母要在早期为孩子树立规矩，让孩子学习餐桌礼仪，学会控制自己的欲望，爱吃的食物也不可以吃过量，要考虑餐桌上的其他人。

父母说话之道

“宝贝，你不喜欢这道菜的味道，对吗？但是为了营养均衡，爸爸妈妈希望你也吃一点。”

父母行为宜忌

儿童挑食行为管教宜忌！

吃饭是一种本能，过度关注会适得其反

不要在餐桌上批评孩子

吃饭前或吃饭时批评孩子会影响孩子的就餐情绪，还可能会导致孩子挑食、厌食。当孩子情绪不好时，胃肠的消化功能也会受到影响，造成食欲缺乏、消化功能紊乱。

父母要给孩子营造一个和谐轻松的进餐气氛和环境，让孩子自由轻松地用餐。

适当运动可以促进孩子胃肠消化，产生食欲。等到吃饭时间，孩子会更主动地吃饭。

嫌孩子**吃得少**。一些父母总是担心孩子缺营养，怕孩子饿着。但实际上，轻度的饥饿感能够促进食欲，而吃得太多，不仅会加重胃肠负担，还会影响智力发育。

给孩子夹菜。对于可以独立吃饭的孩子来说，给孩子夹菜是在侵犯他自主选择食物的权利。孩子可能会出于逆反心理，不肯吃父母夹的菜，借此捍卫自己选择食物的权利。

让孩子自己夹菜自己吃，会吃得更香。

不好好吃饭，爱玩食物

带孩子认识食物，引导孩子珍惜食物

七七4岁了，吃饭有个坏习惯，就是喜欢玩食物。中午吃粉条，七七吃得很慢，玩玩这个，看看那个，还把粉条夹到桌子上，用手摆弄起来："妈妈你看，这是一条蛇。"午饭才吃了半碗，七七就跑去玩了。妈妈很无奈地说："这孩子，怎么就不好好吃饭呢！"

玩食物的原因

缺少饥饿感，没有食欲

• 解决办法：控制进食量，避免孩子因为贪吃导致积食。

对食物充满好奇心和想象力

• 解决办法：适度包容孩子玩食物的行为，不过度阻拦。

玩食物是好奇心和想象力的体现

七七正处于对细微事物感兴趣的敏感期，在这种对细微事物感兴趣的敏感力的推动下，宝宝的手眼协调、精细动作、认知等能力才能够得到相应的发展和提高。七七喜欢观察饭碗里的食物，用手玩食物，是他对新鲜事物充满好奇心和想象力的体现。

让宝宝用手抓取、触摸食物，可以刺激宝宝的触觉发育。

带孩子认识食物，满足求知欲望

有研究表明，让孩子多接触食物，可以使他更好地接受食物，缓解挑食情况。父母可以在孩子玩食物的时候趁机为孩子普及食物相关的知识，既能丰富孩子的知识储备，又能满足孩子的探索欲望。

提前结束游戏，让孩子一起参与饭前准备

到了吃饭时间，孩子可能还没玩够，没有"该吃饭了"的意识。父母不妨让孩子提前结束游戏，让孩子一起参与饭前准备。让孩子在饭前先接触食物，认识食物，满足他的好奇心，同时在厨房要注意孩子的安全。饭前可以让孩子负责分发碗筷，培养孩子做家务的习惯。

引导孩子珍惜食物

父母可以带孩子读《悯农》，告诉孩子浪费食物是不好的行为。父母还可以每次给孩子少盛一些饭，要求孩子碗里的饭菜每次都要吃完，帮宝宝养成珍惜食物的习惯。

亲子陪伴成长游戏

我有餐具了

适宜年龄：1 岁以上　用具准备：适宜孩子使用的餐具、椅子、围兜等

练习方法：1. 父母为孩子准备好餐桌上必需的用具，比如，适合孩子高度的椅子，带可爱图案的围兜等。2. 吃饭时父母可以说："勺子上的小鱼想和你一起吃饭哦。" 3. 父母可以在餐桌上铺上温馨的动物图案桌布，播放轻柔舒缓的音乐，让孩子愉快地用餐。

米饭变熊猫

适宜年龄：3~6 岁　用具准备：餐具、白米饭、黑米饭、鸡蛋、芹菜、葡萄、樱桃

练习方法：1. 让孩子洗干净手，自己来做"熊猫"。2. 将一小碗白米饭倒扣成熊猫胖鼓鼓的脸，黑米饭围成熊猫的"黑眼圈"，旁边用芹菜做成"箭竹"。3. 也可以摊一个圆圆的煎蛋做熊猫的面庞，两颗葡萄做熊猫的眼睛，一颗樱桃做熊猫的嘴。4. 游戏结束后，让孩子把饭吃掉。

小小"面点师"

适宜年龄：4 岁半以上　用具准备：和好的面团、各色蔬菜汁

练习方法：1. 让孩子洗净手，分给他一团面，家长准备好蔬菜汁，滴在上面，直到孩子把面揉成彩色面团。2. 揉好后，家长可以带着孩子用彩色面团做出各色小点心、小饼干，也可以让孩子自己捏出各种形状。3. 蒸熟面团，吃饭时全家分享，让孩子体验成就感。

改变孩子，不如改变自己——戒掉坏习惯

“父母是孩子的第一任老师”，孩子的模仿能力很强，总是会在有意或无意中学习父母的行为习惯。父母自我约束能力差，做事情没规律，有各种各样的坏习惯，会在潜移默化之中影响孩子的习惯建立。

将生活的重心放回自己身上

许多父母总觉得孩子太小，需要时时刻刻关注，将全部注意力都放在孩子身上。这样不仅会徒增压力，让自己长期处于紧张和焦虑中，还不利于孩子的成长，导致孩子自我意识欠缺、独立意识差等问题出现。父母应将生活的重心放回自己身上，适时调整自己的生活方式和不良习惯，为孩子做好榜样。

面对已有的坏习惯，如何正确引导孩子

- 承认错误。如果父母的坏习惯已经影响了孩子，父母需要及时承认错误，告诉孩子这是不对的。
- 一起改正。告诉孩子发现错误不是坏事，而是一次进步的机会。和孩子一起想出纠正坏习惯的办法，和孩子一起改正。
- 相互监督。和孩子相互监督，再次出现坏习惯要认真道歉并立即改正。

过多的批评指责会给孩子带来不良影响

- 掩盖错误。为了躲避批评指责而掩盖错误，甚至说谎。
- 影响人际关系。与父母产生隔阂，对待他人的错误不够宽容，影响人际关系。
- 自我否定。影响孩子的自尊自信，觉得自己什么都做不好。

这些坏习惯，影响自己也影响孩子

- **拖延**
- **说谎**
- **爱迟到**
- **说脏话**
- **挑食**
- **赖床**
- **熬夜**
- **沉迷网络**
- **不遵守交通规则**
- **不爱运动**

孩子的很多行为来自对父母的模仿，如果父母做事拖延、不专心，孩子也易形成做事三心二意、拖拖拉拉的坏习惯。

第三章
父母拥有好情绪，孩子情绪不失控

心理学家阿德勒曾说:“幸运的人一生都在被童年治愈，不幸的人一生都在治愈童年。”父母乐观积极，孩子就有安全感；父母脾气暴躁，孩子就会活在恐惧和焦虑之中。培养孩子的好性格，从控制自己的情绪开始，给孩子一个幸福的童年。

孩子不能说，一说就发脾气

父母少吼叫，孩子更懂事

纯纯是家里的独子，父母都很宠爱他。可渐渐地，家人们发现纯纯越来越骄纵。这天，纯纯和几个小朋友一起玩，玩着玩着，一个小朋友哭了起来："纯纯抢我玩具！"纯纯妈妈听了，赶快叫纯纯把玩具还给小朋友，教育纯纯："纯纯，不可以抢别人的玩具，没礼貌！"纯纯一听不乐意了，把玩具往地上一摔，嚷道："谁叫你不给我买的！"

孩子发脾气的原因

力所不及

• 解决办法：耐心地帮助孩子完成他想做的事情。

困了、累了

• 解决办法：让孩子休息一会儿。

逃避责任

• 解决办法：安抚情绪，坚持立场。

吼叫的父母，更容易养出易怒的孩子

"孩子是父母的影子。"想让孩子拥有好性格，父母就要先让自己拥有好性格。父母经常发脾气，遇到不好解决的问题、不公平的待遇时就大吼大叫，这是在给孩子不断地进行错误示范。在这种行为的熏陶下，就算父母平日里再三教育孩子遇事要冷静，孩子知道大吼大叫不好，这种行为也会进入孩子的潜意识，当情绪失控时，大吼大叫的行为就会绕过大脑意识的控制，不自觉地溜出来。父母的不良情绪还会影响到孩子的心理健康，年龄越小的孩子越容易受到父母情绪的影响，当父母吼叫时，孩子更容易把错误归咎到自己身上，认为父母不爱自己了。在父母情绪的影响下，孩子容易陷入焦虑、恐惧、愤怒等负面情绪中。

父母的吼叫会让孩子感到委屈，导致孩子无法控制情绪。

父母这样和孩子沟通

当父母盘问、控制孩子，或者与孩子争论时，孩子可能会更加愤怒，父母要耐心疏导，以诚相待，做孩子的知心朋友。不能只向孩子输出自己的想法，而是要主动向孩子了解他做某件事情的动机。站在孩子的角度去考虑问题，更容易发现问题的本质，了解孩子需要什么，不只是按照自己的意志去要求孩子，才更容易与孩子建立有效的沟通，建立良好的亲子关系。不要因为孩子的行为带来了不好的结果，

就火冒三丈地责骂孩子，要避免一味地评判孩子所做事情的对错，可以用假设的方式告诉孩子，这么做将会发生什么事情，让孩子产生自己的判断，与孩子一起解决问题。要用以理服人的态度和孩子沟通，同时保持良好的情绪，营造和谐的沟通氛围，这样孩子才愿意把自己真实的想法讲出来。

帮助孩子表达出愤怒

孩子的情绪来得快去得也快，遇到不顺心的事情，产生愤怒的情绪是正常的，但不管不顾地发泄不满，故意和父母唱反调则是需要改正的。父母要教孩子如何控制情绪、用合理的方式表达情绪，同时给孩子调整情绪的空间。当孩子愤怒时，父母可以这样说："宝贝不开心了""宝贝生气了"。这是在为孩子做示范，告诉孩子如何表达不开心。孩子说出"我不开心了"时，父母可以这样问孩子："你需要一个人安静一会儿吗？"引导孩子调整情绪。

父母要注意，在批评孩子时，如果孩子想要一个人安静一会儿，父母要忍住继续批评教育的冲动，给孩子平复情绪和自我反省的时间。孩子在愤怒时是很难听进父母的劝告的，继续批评不但不能让孩子认识到错误，反而会引起孩子的反抗。

父母如何控制情绪

在教育孩子的过程中，父母会有无数次忍不住发火的时候。即使心里清楚这种教育方式会伤到孩子，可脾气上来了怎么都控制不住。这里向父母们介绍一些控制情绪的方法：

- 转移注意力：想想其他的事情，等到自己的情绪稳定后，再心平气和地和孩子沟通。在教育孩子这件事上，父母要有足够的耐心，毕竟没有孩子生来懂事。
- 深呼吸：深呼吸是一种有效的自我放松方法，可以缓解焦虑情绪。
- 说出自己的感受：及时说出"我要生气了"，准确地表达出自己的感受有助于缓解压力，也能给孩子一个提示，让孩子意识到自己的行为让父母感到不舒服了。
- 运动：体育锻炼可以调节紧张的情绪，父母可以利用业余时间参与跑步、跳舞、跳绳等运动，或者休息时间全家一起去爬山、放风筝，这不仅有助于身心健康，保持情绪稳定，还能促进亲子沟通。

父母说话之道

当情绪失控时，父母要立刻停止吼叫，和孩子解释："我现在很生气，需要冷静一下，请给我一点时间。"

父母行为宜忌

儿童发脾气管教宜忌！

长期处在焦虑情绪中的孩子更容易发脾气

耐心地等孩子平静下来

孩子之所以容易发脾气，是因为孩子的感情比较脆弱，容易被激怒。或者是面对自己无法掌控的事情，不知道怎么办才好，只有通过发脾气才可以发泄出来。孩子发脾气时，内心被怒火控制，他感到害怕、痛苦，但是自己可能控制不了。这时候父母最好不要招惹他，等孩子平静下来之后再慢慢地开导孩子。

当孩子发现现实和预期不符时，内心秩序会出现混乱，表现出烦躁、焦虑的情绪，甚至会发脾气。父母要**把计划提前告诉孩子**，让孩子有时间准备。

教育孩子时，要避免使用贬低性词语，孩子的自尊心受到伤害时，更容易被激怒。父母要注意自己的说话方式，尽量以轻松的语气多说如何解决问题的话。

孩子哭闹时，家长应该顺势接纳，让孩子的情绪有一个发泄渠道。

孩子对于甜食有天生的嗜好，但大量吃甜食的孩子常爱哭闹、好发脾气。父母需要控制孩子的甜食摄入，少吃零食，**多吃天然健康的食物**。

亲子陪伴成长游戏

礼貌歌

适宜年龄：6 个月以上　　**用具准备：**无

练习方法：1. 妈妈把孩子抱在怀里，握住孩子的双手，教孩子练习拍手，并配合语言：欢迎！欢迎！ 2. 反复进行语言刺激，直到孩子掌握。3. 再挥动孩子的右臂，并配合语言：再见！再见！ 4. 父母可以配合一首儿歌来练习：

客人来了我欢迎，拍拍手儿真高兴。

客人走了挥挥手，下次再来行不行。

睡前静默练习

适宜年龄：2 岁以上　　**用具准备：**无

练习方法：1. 妈妈用语言指导孩子舒服地躺好，从头顶到脚趾逐一放松身体的每一个部位，比如“现在放松你的背部，你感到很轻松，背部好像感觉不到了”。2. 让孩子倾听或想象各种声音，比如时钟的滴答声、蝴蝶飞时翅膀的颤动声……直到孩子入睡。3. 在睡前进行静默练习有助于入睡，可以结合呼吸调整进行练习。

说句悄悄话

适宜年龄：2 岁以上　　**用具准备：**无

练习方法：1. 妈妈（或爸爸）凑到孩子耳边，悄悄地对孩子说一句话。2. 这句话可以是：“宝宝，你做得真棒，妈妈好爱你。”也可以是：“怎么办呢？你今天没有和阿姨打招呼，妈妈觉得你没有礼貌，有点难过呢！”3. 孩子知道父母的情绪之后，通常会想一想，然后说出自己的想法。4. 孩子对这种亲密的互动总是很感兴趣，也会在妈妈说完后仔细思考平时会忽视的细节。

在公共场所撒泼

从小培养孩子在公共场所的文明意识

周末，堂堂和爸爸妈妈去游乐场玩。游乐场里人很多，堂堂最喜欢的“海盗船”项目更是异常火爆，堂堂和爸爸妈妈排了很久的队才终于排到。海盗船开动了，堂堂很开心。但保险杠抬起时，堂堂却死活不愿意起来：“再玩一次，我还没玩够！”爸爸妈妈边劝边拉堂堂起身：“堂堂，再玩一次要重新排队，快起来！其他小朋友还等着玩呢。”堂堂哭闹起来：“我不，我不！我都排了这么久了，就让我多玩一会儿怎么了？”

孩子在公共场合大喊大叫怎么办

- ×威胁、恐吓孩子
- ×在孩子哭闹时继续说教
- √给孩子缓和情绪的时间
- √换个不影响他人的地方慢慢沟通

堂堂的内心独白

“爸爸妈妈，我不是故意胡闹想让你们难堪的。今天天气太热了，游乐场的人特别多，很吵闹。排队的时候我感到很累、很心烦，咱们为什么不换个人少的时间来呢？可是我太想坐海盗船了，所以一直忍耐着继续排队。可是你们之前没告诉我排一次队只能玩这么短的时间啊！当你们告诉我结束了，要拉着我离开的时候，我实在是接受不了这个事实，所以才哭的。下次你们要早点告诉我，玩海盗船要排很久的队，而且一次只能玩 2 分钟，让我有个心理准备，我下次就不会哭闹了。”

孩子情绪失控时，难以认识到自己的行为不当

无论是惊险刺激的游乐项目还是货架上的精美玩具，在孩子面前都是不小的诱惑。这种力量非常强大，足以对抗孩子的自制力。心理学家发现，人们越是压抑某个想法，这个想法就越容易冒出来。尤其是在困倦、劳累和饥饿时，大脑供能减少，对情绪的控制能力更是大打折扣。最终，大脑能量被耗竭，人就会情绪失控。

孩子对情绪的控制缺乏经验，当遇到难以应对的挫折时，更容易情绪崩溃，做出各种过激行为。而孩子在 7 岁以前，对世界的认识通常是以自我为中心的，这就导致他难以认识到自己的行为不当。因此，父母要尽量带孩子远离诱惑，在合理的范围内适当满足，提升孩子的自控能力。

父母要保持冷静

孩子在公共场所哭闹会引起旁人的注意，难过时的哭喊和尖叫声还会让人感到烦躁不适，父母难免会觉得没面子，难压怒火。但此时严厉地批评和粗暴地控制都会引起孩子激烈地反抗，父母激烈的情绪也会让孩子更加焦躁。

对此，父母需要保持冷静，告诉自己没有孩子天生就懂事。此时应该先安抚孩子的情绪，可以帮孩子擦擦眼泪，或者给孩子一个拥抱。如果孩子激烈反抗，父母可以蹲在孩子旁边，安静地注视着他，等他的情绪逐渐平复。也可以先带孩子离开此处，找到一个安静的地方再慢慢安抚。

提前了解公共场所的秩序

年龄较小的孩子通常以自我为中心，不了解公共场合的秩序，难过时难以控制自己的行为，父母要教孩子学会遵守公共秩序。每个公共场所都有规章制度，要求大家自觉遵守，比如，过马路时要遵守交通规则；乘坐公交车时要排队上车、先下后上、文明礼让；游公园不能践踏草坪，等等。父母带孩子外出前，可以先和孩子讲清楚要去哪里，去做什么事，可能会发生什么情况，需要遵守什么规则。每到一处公共场所，爸爸妈妈在以身作则的同时，还要向孩子讲解相关的规定，这是养成孩子良好的基本品质和素质的一种有效手段，能够让孩子更遵守秩序。

在去商场之前，父母可以与孩子签订一个协议，讲清楚只购买列在购物单上的东西，他可以要一两种他喜欢吃的东西，也写在单子上。切忌购物前乱许愿，去后不实现。让孩子在期待中失望，因气愤而开始发泄。另外，家里所有的人都必须保持口径一致。

坚持原则

若在出去购物的中途孩子提出不合理的要求，一定要坚决拒绝孩子，态度要坚决，决不改口，这样形成习惯后，会让孩子认识到他再如何哭闹都没有用。做到这点并不容易，尤其是那些平时工作很忙，很少陪孩子的父母。但是，父母的坚定意志是纠正孩子在公共场合哭闹着要东西的最好办法。

当孩子开始大声哭闹时，父母要提醒孩子在公共场所要遵守相关规定，尽量控制自己的行为，有情绪可以倾诉，但不应该吵闹。如果孩子觉得难以控制情绪，父母可以为孩子找一个合适的地方哭一会儿发泄一下。

父母行为宜忌

想要孩子如何对待他人，就要如何对待孩子

培养孩子的同理心

年龄较小的孩子通常容易以自我为中心，不会考虑到自己的行为对他人的影响。对此，父母需要培养孩子的同理心，让孩子学会顾及他人，克制自己的行为。父母要做好榜样，懂得观察孩子的情感变化，不无故做令孩子感到烦躁、焦虑、愤怒的事情，不否认孩子的感受。孩子的情感先受到了尊重，而后孩子才能学会尊重他人的情感。

正视孩子的情绪。任何一种情绪都有其存在的价值，父母要及时发现孩子的情绪变化，帮助孩子找到**正确表达情绪的方式**，比如爬山、画画等，孩子才能更快恢复平静。

妥协纵容不仅不利于孩子养成良好的行为习惯，还会让孩子没有安全感。父母的期望和标准能帮助孩子快速找到目标和边界，促进孩子形成自我约束。而没有底线则会让孩子觉得父母不够关心自己，**找不到归属感**。

以暴制暴。暴力压制孩子的不良行为不能解决根本问题。不管是行为暴力还是语言暴力，都会**破坏亲子关系**，影响孩子的心理健康。

亲子陪伴成长游戏

红灯停，绿灯行

适宜年龄：2 岁以上　用具准备：红色和绿色彩纸

练习方法： 1. 为孩子讲解绿灯亮代表可以走，红灯亮代表停，并要求孩子要遵守这样的交通规则。2. 游戏开始，父母随意举起不同颜色的纸。如果孩子在“红灯”时继续前进，则游戏失败；如果孩子能够很好地掌握，并做停止、等待和前进的动作，父母要及时给予鼓励。3. 此游戏能够培养孩子自控力、耐心和遵守规则的意识。

交通信号灯里还有黄灯哦，黄灯亮起代表等一等。

不听话的孩子怎么办

适宜年龄：3 岁以上　用具准备：无

练习方法： 1. 在孩子不听话时，告诉自己要平静下来，将孩子抱起来。2. 轻轻地对孩子说：“妈妈（或爸爸）猜，你刚才是这样想……”3. 跟孩子交流完之后，和孩子互换身份重新处理问题。可以问孩子：“将来你做了妈妈（或爸爸）之后，遇到了这样的问题会怎么处理呢？”4. 通过孩子的描述，家长就可以从孩子的角度去看待问题。

孩子娇气、爱哭、说不得

爱哭可能源自孩子天生的性格气质

明明今年 5 岁，聪明懂事，但有一个缺点：爱哭。一次去超市，明明不小心撞到货架上打碎了一个玻璃瓶，妈妈见了，对明明说："你怎么这么不小心！"不知道是因为委屈还是因为害怕，妈妈刚说了几句，明明的眼泪就开始吧嗒吧嗒地掉，明明妈妈叹气："说了你几句就哭，你就这么玻璃心吗？"

孩子爱哭的原因

天生敏感，情绪激动时就会流泪

• 解决办法：理解孩子自我表达的方式，不给孩子贴上"爱哭"的标签。

缺乏安全感，觉得父母责骂自己是不爱自己了

• 解决办法：多陪伴、鼓励孩子，给孩子足够的自信和安全感。

害怕惩罚

• 解决办法：尽量采取温和的方式教育孩子。

接受孩子敏感的天性

每个孩子天生都有着不同的性格特征，有的孩子活泼好动，有的孩子慢热稳重，也有的孩子像明明这样，天生情感丰富，多愁善感。不同性格有着不同的优势，敏感的孩子更容易察觉到他人的情感变化，更容易遵守规则，也更容易进行深度思考。敏感气质的孩子更需要父母给予他们足够的安全感，当他们已经清楚地意识到自己犯错误时，会感到非常的不安和恐惧，害怕父母因为自己犯下的错误而不喜欢自己。此时父母不必再批评责骂，而是应该安慰孩子并帮助孩子一起承担责任并改正错误。

研究表明，如果处于安全依恋模式的亲子关系中，敏感孩子的优势就能得到进一步发挥。

父母说话之道

"离货架远一点，妈妈担心货架上的东西掉下来砸到你。"

约 20% 的孩子天生对环境敏感，比其他孩子更容易哭泣。

不要一哭就哄，也不要呵斥制止

哭泣是孩子排解情绪的一种方式，流泪时大脑会产生内啡肽，这种物质是天然的镇痛剂，能够缓解身体的疼痛感，并产生愉悦感，这仿佛是有人轻轻拍着孩子的背说：“没关系，不要怕，一切都会好起来的。”在孩子年龄较小时，孩子的自我控制能力较弱，爱哭是正常的现象。等孩子年龄大一些后，随着情感控制能力的增强，哭泣时间和哭泣次数都会随之缩短。

孩子的哭泣是一种自我调节的行为，也是他面对挫折时能够独立处理情绪的一种体现，如果父母对于孩子哭泣总是反应过度，刚一哭就立刻哄他，满足他的要求，孩子的自我调节能力就会减弱，从而转变为对父母的依赖。有些父母认为，孩子爱哭是不够坚强的表现，于是在孩子哭泣时总是大声呵斥制止。但这样做会让孩子感觉受到了威胁，产生恐惧，久而久之还会造成安全感缺失，由于不能哭泣，孩子的情绪被压抑在心里，还可能出现心理问题。孩子哭泣时，正确的做法是及时关注，等到孩子情绪稍微平复一些时，再进行沟通。

给孩子足够的安全感

对于天生敏感的孩子，父母需要给予更多的陪伴和守护，营造温馨和睦、健康快乐的家庭氛围，给孩子足够的安全感。

- 给孩子足够的陪伴。
- 经常向孩子表达爱意。
- 拥抱、鼓励孩子。
- 及时回应孩子。
- 尊重孩子的私人空间。
- 允许孩子犯错误。
- 在孩子面前展现自己的真实情感。

宝宝适度哭泣有益身心健康，父母要允许孩子适当地释放自己的情绪。

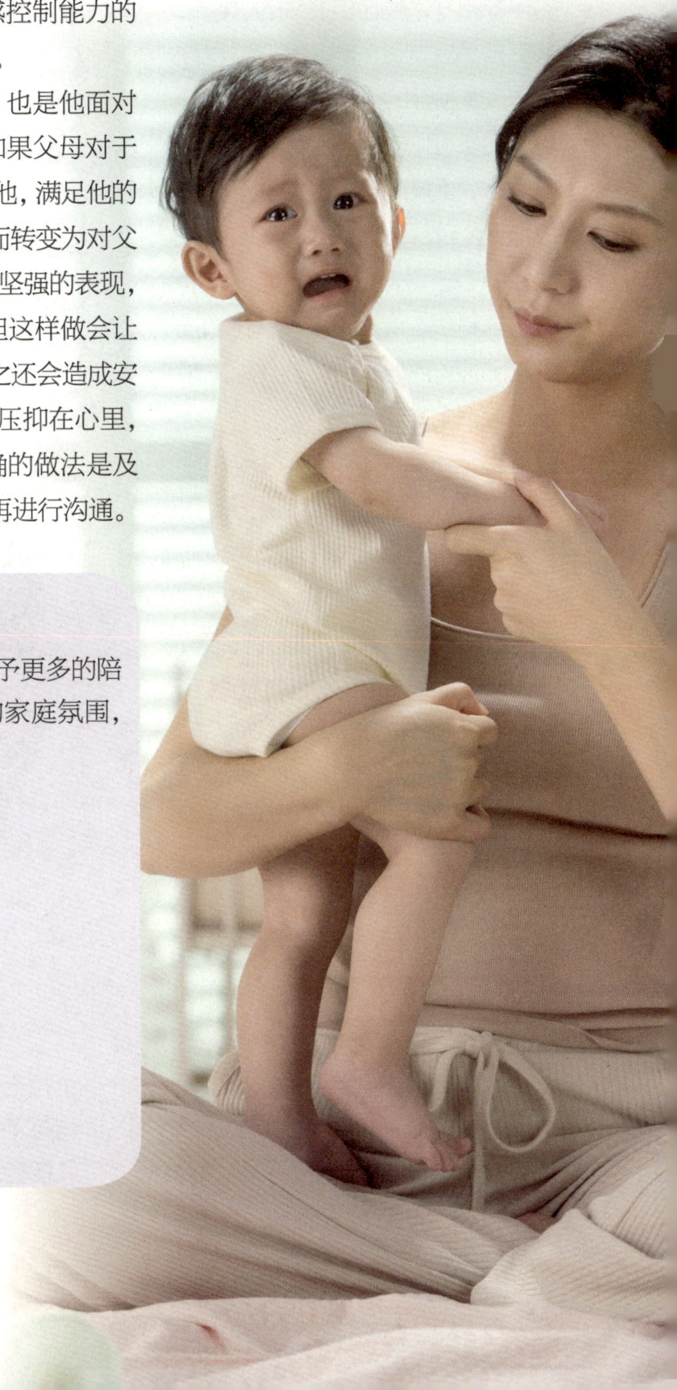

为孩子做抚触按摩

对于特别依赖成人，又爱哭的孩子，除了心理上的依附原因外，缺少刺激也可能引起神经系统敏感，皮肤和感觉器官处于一种对刺激的需求状态。蒙台梭利提出，人的精神和身体是互相关联的。因此，从满足感官刺激的方面入手，也能逐步改善精神的依附状态。

父母可以在入睡前为孩子做抚触按摩，让孩子舒服地趴好，全身放松，然后从头顶往下，从四肢末端往中心一点一点按摩，增加皮肤的感觉刺激。每天为孩子做抚触按摩，长期坚持下来，孩子会越来越乐观、坚强。

父母不会具体的抚触操作手法也无妨，只要全身心地用情、用爱抚触宝宝的每一寸肌肤，力道适中，让宝宝感到舒服即可。如果宝宝有些抵触，可以先从离心脏最远、压力最小的脚部开始进行抚触和按摩。

父母说话之道

"宝贝，你看起来很难过，你是想一个人待一会儿，还是和爸爸妈妈说一说？"

抚触前的准备

环境要求：调节室温至25℃~28℃，环境安静、清洁，可播放轻柔的音乐。

物品准备：小毛毯、小毛巾、大毛巾、婴儿润肤露、消毒棉签。

妈妈准备：取下所有首饰、手表，修剪指甲、洗手，用婴儿润肤露滋润双手。

孩子准备：脱下所有的衣服（最好沐浴后），舒适地仰躺在铺有毯子的桌上或床上。

给孩子做抚触的手法和顺序

妈妈要用爱、用情、用心抚触孩子的每一寸肌肤，要做到手法温柔、流畅，让孩子感觉舒适、愉快。

抚触顺序：前额—下巴—脸颊—胸部—腹部—双上肢—双下肢—背部—臀部。

抚触过程中孩子如果哭闹，就要立即停止。

小贴士：由父母进行抚触，父母会与孩子有更多爱的交流，这是陌生人抚触无法达到的。

亲子陪伴成长游戏

追小狗练耐心

适宜年龄：7~10 个月　　用具准备：手偶小狗

练习方法： 1. 准备一只手偶小狗，让孩子坐在地板上，在他面前逗引："我是一只小狗，愿意和你做朋友！汪、汪、汪，我最喜欢吃肉！" 2. 让孩子边爬边追小狗，父母模仿小狗的叫声吸引孩子注意力，鼓励他不停向前爬行。3. 孩子爬追了一段时间之后，让他抓住小狗，作为奖励，也趁机让孩子休息一会儿。

谢谢你

适宜年龄：3~6 岁　用具准备：孩子的袜子、肥皂、毛巾

练习方法： 1. 和孩子一起做家务，比如，洗袜子、洗毛巾。2. 对孩子说："请你帮我拿一下肥皂。"等孩子把肥皂递过来时，大声地说："谢谢你！宝贝！" 3. 对孩子说："请你帮我把那条脏毛巾递给我。"得到孩子帮助后，大声说："谢谢你！" 4. 袜子洗完后，对孩子说："我帮你把袜子洗干净了，你要说什么？"孩子会很高兴地回答说："谢谢你！"父母给孩子一个拥抱，作为奖励。

陌生环境下无法适应

给孩子独自面对新挑战的机会

卡卡今年4岁。最近妈妈因为工作调动，将卡卡转入了新的幼儿园。自从来到新环境，卡卡每天都闷闷不乐。几天前，卡卡对妈妈说不想上幼儿园了，怎么劝说都没用。卡卡妈妈很着急，到底怎么做才可以让他更快地适应新环境呢？

父母可以这么做

- 花点时间陪孩子一起熟悉新环境。
- 多带孩子结交一些可以信赖的朋友。
- 培养孩子独立解决问题的能力。

面对新环境经验不足

年龄较小的孩子对父母的依赖程度较高，缺少面对陌生环境的经验。当来到新环境中后，环境中的新事物需要他慢慢认识了解，环境中的陌生人也需要他慢慢熟悉并建立联系，这些对于孩子来说，会造成不小的心理压力。此时，如果父母一直在孩子身边，为孩子一一介绍新环境中的事物，带孩子认识环境中的陌生人，孩子慢慢产生安全感，新环境的恐惧也会逐渐消失。但如果父母不在孩子身边，孩子就会非常恐惧、焦虑。孩子不知道哪些东西是危险的，哪些东西是安全的，也不知道应该做些什么，会显得拘谨和无助。有些孩子生活范围很窄，不与同龄小朋友玩耍，极少走亲访友，对陌生人和群体不适应。一旦上幼儿园，进入新环境、看到新老师更是胆小。

随着年龄的增长，孩子的阅历逐渐丰富，在一定程度上具备了处理问题的经验，适应陌生环境的能力也会随之提高。

孩子有“认生期”

孩子在7个月左右都会经历“认生期”，这个时期的孩子能分出家里人和陌生人。对于熟悉的人，比如爷爷、奶奶及有来往的亲朋，孩子会表现出对他们的信任和依恋；对于陌生人，孩子自然会感到警惕，开始躲避，表现出害怕或者哭闹。孩子还会害怕去陌生的地方，害怕接触陌生事物，父母要陪同他逐渐熟悉新的环境和新的事物。

父母说话之道

“宝贝，我们去认识新朋友好不好啊？”

融入群体的小技巧

正确评价自己：对自己的认识越正确，越有利于克服自卑和自傲这两种不利心理，行为举止也就越得体，越能获得别人的肯定和接受。

正确评价别人：客观理性地看待别人，尽量不要受到偏见的影响，比如与别人争吵后，不要因为不满而轻视、贬低别人等。

友善地对待别人和自己：正如我们希望别人友好地对待自己，别人也是这样期待我们的。在友善对待别人的同时不要苛求自己，允许自己犯错，允许自己表现不好，保持自己人格的完整性和真实性更能赢得别人的信任和尊重。

学会和别人交换意见：人与人之间需要相互了解、依靠，以及彼此在思想上和态度上的沟通。因此，经常找机会与别人谈谈话、聊聊天，讨论些问题是十分必要的。

学“一技之长”：掌握一两种技能，在人际交往时更容易受到欢迎。

多带孩子出门走走

父母在有时间的情况下，应该多带孩子出门走走、多接触社会，这既能让孩子开阔眼界、提升人际交往的能力，又能锻炼孩子的胆量，让孩子遇事更冷静、少慌乱。为了培养孩子良好的社会适应能力，尽早学会与人相处，提高表达能力和思维能力，让孩子参加集体活动是非常必要的。父母要经常抱宝宝到邻居家去串门，或者带他到街上去散步，让他多接触人，为孩子提供与人交往的环境。父母要循序渐进地引导孩子，比如接近陌生人，可采取“走近些，再走近些”的方式，逐渐让孩子和周围的人接触。慢慢引导孩子熟悉周围的人，告诉他，“这是老爷爷”“这是叔叔”“这是阿姨”“这是姐姐”，鼓励孩子摸摸阿姨的包、动动爷爷的拐杖、推推小朋友的车等。渐渐地，孩子就会明白什么样的人该怎么称呼，慢慢体验到了与人交往的愉悦，就会逐渐降低对陌生人的不安全感，消除怯生害怕的心理。

培养孩子的安全意识

- 家长可以通过带孩子读绘本、讲故事、看新闻等方式为孩子普及安全常识。
- 要求孩子去任何地方之前先告诉父母。
- 远离火、电、开水、酒精、樟脑丸……
- 不跟陌生人走。
- 过马路要看红绿灯。

有了妈妈的陪伴，宝宝不再那么害怕新环境了。

父母行为宜忌

儿童不合群管教宜忌！

大多数孩子都会经历“不合群”的阶段，父母要多鼓励

从小培养独立性

独立意识可以帮助孩子更快地积累生活经验，从而增强适应能力。孩子体验到做事成功的快乐，意识到自己的力量，会更愿意主动学习，独立探索。父母过分溺爱会使孩子养成依赖别人的习惯，这对孩子是害而不是爱。独立是孩子成长的主要目的，父母要珍惜孩子的独立性意向，在了解和尊重孩子的基础上，有技巧地使其独立性不断发展。

增强安全意识。学会自我保护可以降低孩子意外受伤的风险，孩子离开父母时，父母也能更放心。孩子了解安全知识，能保护自己不受伤害，才会更加**勇敢**，遇事不慌乱，敢于在新环境中自由探索。

父母陪孩子**参加集体活动**，这既能让孩子开阔眼界、提升人际交往能力，还能锻炼孩子的胆量。孩子体验到了与人交往的愉悦，就会逐渐降低对陌生人的不安全感，消除怯生害怕的心理。

把孩子**锁在家里**。父母因为工作忙，假期时也不能陪孩子，孩子经常一个人在家，会感到孤独、缺少安全感。又因为缺少与同龄人相处的机会，导致孩子更容易被同龄人排斥，无法发展其人际交往的能力，变得**不合群**，难以适应陌生环境。

亲子陪伴成长游戏

学穿鞋

适宜年龄：2~6 岁　用具准备：鞋子

练习方法： 1. 让孩子将室外活动的鞋拿到面前，坐在椅子上把拖鞋脱掉。2. 让孩子观察左右脚的不同，教会孩子分清脚和鞋子的左右。3. 教孩子一只脚先找到同侧的鞋子，把脚尖伸进鞋内，用手抓牢鞋子的后部，往后拉，让整个脚进去，然后把脚跟套上。4. 让孩子用同样的方法穿上另一只鞋子。5. 注意不要让孩子太用力，刚开始可以让孩子练习穿大点的不用系鞋带的鞋子。

怎么找到妈妈

适宜年龄：2 岁以上　用具准备：苹果

练习方法： 1. 妈妈带孩子一起去逛商店，商店里的人很多。这时候，妈妈要停下来问孩子："如果你和妈妈在商店里走散了，该怎么做才能找到妈妈呢？"让孩子想一想，看孩子能想出哪些办法。最后妈妈引导孩子学会独立思考问题。2. 另外，在家里的时候也要让孩子学会独立解决事情，比如，孩子想吃苹果，可是苹果放到柜子上，够不到，家长不要帮孩子拿下来，要让孩子自己先想办法。

走散如何自救

拨打报警电话 110。

站在原地等待父母。

找穿警察制服的叔叔、阿姨或者带孩子的家长帮忙。

发火让孩子不愿意沟通

可以尝试给孩子写便条

笑笑今天生病了，没有去幼儿园。下午，笑笑提出想要看电视。央求了妈妈半天，妈妈才勉强同意：“只许看半个小时，看完就去睡觉。你还生着病，得多休息。”半个小时后，笑笑依旧不肯睡觉，又玩起了玩具。妈妈怎么劝说都没用，忍不住向笑笑发了火。晚饭后，妈妈找笑笑沟通，但笑笑不肯说话。

孩子不愿沟通，父母可以这么做

- 在一些非原则性问题上多采纳孩子的意见，当孩子发现沟通能达成自己的意愿时，会更愿意沟通并注意改善沟通方式。
- 多陪陪孩子，耐心等待孩子主动开口说话。
- 不逼问孩子为什么不说话，不责问孩子是不是不服气。
- 孩子提出的问题，父母要予以重视，不要敷衍孩子。

和孩子沟通时避免“审问”

有些父母在和孩子交流的过程中，总是用一副审问的语气去和孩子说话，就仿佛警察审犯人一样。这样的交流方式换谁来都会觉得不舒服，孩子自然不愿意和父母多说话了。很多父母会选择在孩子吃饭或者看电视的时候和孩子沟通交流，其实这样的时机是不太好的，很多孩子在这个时间内只想好好放松一下，父母如果在这个时候和他们谈一些事情，就很有可能引起他们的反感。

有些父母在和孩子说话时，习惯摆出一副威严的形象，将自己的想法强加在孩子身上，不允许孩子质疑和反对，认为这就是教育孩子。孩子在沟通中没有话语权，可能会感到厌烦，并用沉默来表达自己的不满。对于这样的情况，父母要改变自己交流的方式，以平等的方式和孩子沟通交流，这样孩子才愿意和父母诉说内心的事情。当然，改变可能需要时间，父母们一定要有足够的耐心和恒心去改变自己说话的方式，帮助孩子成长。

孩子不想说时，安静地陪伴孩子

想一想，成年人在心情烦闷或沮丧，不想说话的时候，也会想一个人安静一会儿，孩子也是如此。此时父母不妨先调整自己的情绪，做好无条件倾听并接纳孩子想法的准备。

孩子不想说可能是因为父母太严厉而不敢说，当他说出自己的想法时，父母如果暴跳如雷，那么下一次孩子即使想说也不敢说了。孩子不想说也可能是孩子还在控制情绪，努力消化父母的话语，对问题进行深度思考。孩子不想说的时候，父母要让孩子自己决定什么时候说。比如说孩子有时候希望在心

父母说话之道

“宝贝，我猜你心里一定很委屈，和爸爸妈妈说一说吧。”

理和情感上保留一些自己的空间，或者当他情绪波动很大，非常需要安慰时。父母可以拥抱、抚摸孩子，传达给他沉默而温暖的信号。有时候，对于某些双方觉得不便用口头表露的情感，还可以把要表达的意思写在纸条上。书面表达给孩子提供了相对轻松的沟通环境，孩子会更愿意说出想法。

我们要彼此听话

做父母的总是希望孩子对自己敞开心扉，希望孩子有什么事都与自己商量，征求自己的意见。但父母应该首先营造真心倾听的氛围，赢得孩子情感上的信任，才能与孩子达到无拘无束交流的默契。并且，这样做也教会孩子怎样与他人沟通交流，从而培养了孩子善于与他人交往的能力。

父母不妨在入睡以前，留一段时间听孩子讲今天发生了哪些事情。在叙述的过程中孩子也逐渐习惯了反省自身。当孩子向父母分享心情时，父母要认真倾听，积极回应。孩子感觉到自己被积极关注了，才会愿意多说。孩子与父母之间的交流越愉快，孩子越愿意与父母交流。所以，不管孩子提出了什么样的想法，父母都应当予以尊重，不应该马上反驳、纠正、评价孩子的想法，更不应该无视和嘲讽孩子。

在与孩子的交谈中，如果孩子的想法积极、正确，家长要给予肯定。对于与孩子意见不同的想法，父母可以运用启发式提问的方式引导孩子从其他角度思考问题。

和孩子交流时，要选择孩子感兴趣的话题。

鼓励孩子多说一些

简而言之，只要孩子认为说了没有好处，就不会有想倾诉的欲望。反之，若他认为告诉父母可能会得到安慰、帮助、教导、鼓励或被好好倾听，就有可能跟父母分享。

孩子在生活中遇到了困难，被欺负、交不到朋友、受了委屈，如果在家里得不到安慰，可能会对他们的情绪调节造成长期的伤害，未来成为过度独立、疏离、不信任、逞强的人。更严重的是，他们可能会在人际关系中缺乏沟通的动力，因为不曾被好好倾听，就不懂得如何倾听别人。

对于胆小内向的孩子，父母要努力营造沟通的氛围。父母可以选择在晚餐之后的时间举行“家庭会议”，期间每个人都可以畅所欲言，讲出自己的想法，其他人都要认真倾听，不可以打断。

进行良好的沟通是一门艺术，相关的时间、地点、环境和方式都要考虑到。良好的沟通氛围能让孩子畅所欲言，无所顾虑地表达自己的想法，在得到大人的尊重后更加自信、勇敢地做事。

弥补发火给孩子的伤害

一些父母可能会在生气时打孩子、吼孩子，导致孩子与父母之间产生隔阂。要想修复与孩子间的关系，需要父母向孩子承认错误，弥补对孩子的伤害。

一些父母可能会内疚，但碍于面子，将错就错，选择用叫孩子吃饭、转移话题等方式缓和关系。但父母的正面道歉对孩子的人格成长有着重要的意义，这不仅保护了孩子的自尊心，也向孩子示范了如何在人际交往中化解矛盾，亲子关系也能因此得到显著的改善。

这些道歉方式不可取

“还不理我？我向你道歉行不行？”

• 道歉不是因为孩子拒绝沟通，而是因为父母从内心觉得伤害了孩子。

“我都道歉了，别那么计较！”

• 孩子拒绝接受道歉，可能是他需要时间消化情绪，也可能是因为父母的道歉不够真诚，父母不可以逼迫孩子接受道歉。

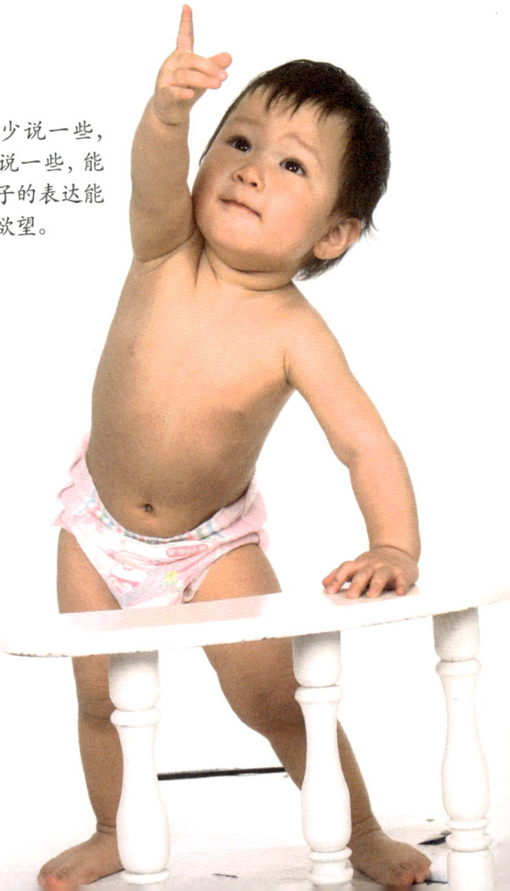

父母自己少说一些，让孩子多说一些，能够提升孩子的表达能力和表达欲望。

父母说话之道

“宝贝，爸爸妈妈很开心能听到你分享的故事，能再多说说吗？”

亲子陪伴成长游戏

给亲人寄信

适宜年龄： 2~6 岁 **用具准备：** 纸盒、旧信封

练习方法： 1. 按要求将准备好的小纸盒放好。2. 给孩子一些大小不同的旧信封。3. 让孩子把这些信封一封一封地投入到纸盒里。4. 一边投一边告诉孩子这是给某某人的信，信的内容是什么，并启发孩子自己说这是寄给谁的，孩子在信里要告诉某某人什么话。

我的家人真棒

适宜年龄： 3~6 岁 **用具准备：** 家人照片

练习方法： 1. 把家人的照片拿出来，和孩子一起夸夸家人。2. 说一说奶奶饭菜做得真香，又有营养。3. 说一说爷爷每天锻炼，每天读报，爱学习。4. 说一说妈妈讲的故事真精彩，洗了的衣服变得软软的。5. 说一说爸爸力气真大，能把孩子举起来。6. 说一说孩子吃饭香香的，身体棒棒的。

和孩子边看照片边回忆和讲述，是对孩子很有用的语言和情感教育。

家长不会倾听，孩子更易顶嘴

给孩子说话的权利，即使他们有时候像在讲歪理

麟麟5岁了，在幼儿园经常和小朋友打闹，爸爸妈妈很苦恼。这天，麟麟把班上的珊珊打哭了，妈妈批评麟麟："麟麟，你怎么可以打女孩子！快跟珊珊道歉。"谁料麟麟竟然顶嘴："凭什么！她可以抢我玩具，我就不能打她？那我也要当女孩子。"麟麟妈妈听了，气得说不出话来。

孩子顶嘴的原因

被误解了，解释原因

• 解决办法：耐心听孩子解释，和孩子沟通，消除误会。

发泄对其他事情的不满情绪

• 解决办法：了解孩子心情沮丧的原因，教会孩子正确的沟通方式。

不想被控制，对父母的命令反感

• 解决办法：给孩子自己选择的空间，不要事事强迫孩子。

孩子"不听话"，可能在模仿父母

"倾听"是一种非常重要的教育方式，倾听对孩子来说是在表示尊重，表达关心，这也促使孩子去认识自己和表达自己。如果孩子感到他能自由地对任何事物提出自己的意见，而他的认识又没有受到轻视和奚落，这样可以促使他毫不迟疑、无所顾忌地发表自己的意见。同时他还学会了倾听他人提出的意见，对他人的话语认真思考并积极回应。先是在家里，然后在学校，将来就可以在工作上、社会中自信、勇敢地正视和处理各种事情。

有的父母抱怨孩子总把自己的话当耳旁风，最后不得不对孩子大喊大叫。孩子不会倾听，可能是不知道什么才是尊重地倾听。当孩子从幼儿园回到家中，和父母分享当天的趣事时，父母可能正在厨房忙着准备晚饭，没有给予孩子足够的关注和回应。当孩子向父母提出要求时，父母总是还没等孩子说完就毫不迟疑地拒绝，然后列出种种理由并对孩子说教一番。孩子自然地认为倾听时不必认同对方的感受，也不必等待对方把话说完，因为他的父母就是这样做的。

良好的倾听是有效解决冲突的关键。当孩子说话时，放下手中的工作，静下心听听孩子都说了些什么，时不时地回应孩子，是给孩子最好的示范。

尊重孩子，避免过度控制

尊重孩子的人格容易做到，尊重孩子的行为却不容易做到。有的父母尊重孩子那些符合自己期望的行为，并不断鼓励，对那些不符合自己的愿望或者社会规范的行为就严加制止甚至惩罚。实际上，孩子出现任何行为都有其内在的心理原因，我们首先应该给孩子行为的自由，父母要做的是分析孩子行为背后所表达的心理需求，从而有目的地来满足他，并教给孩子正确的表达方法，促进孩子的发展。

当孩子年龄较小的时候，只能听懂句子中的个别词语，此时父母的语言需要尽量简短。但当孩子年龄较大，已经可以听懂完整的句子时，父母应注意转变说话的方式，尽量避免使用命令的句子，此时孩子的思想逐渐成熟，命令式话语会让他们感到不被尊重。如果孩子不愿意与父母合作，父母要表现出足够的耐心，在不违背原则的前提下尽可能尊重孩子的意愿，即便这可能让他们经受挫折。

“三明治”式批评

- “三明治”效应是一个批评心理学理论，这个理论称，把批评或建议的内容夹在两次表扬中间，会让人更容易接受批评。父母批评孩子前，不妨先肯定孩子的优点，在保护孩子自尊与脆弱心灵的同时，唤醒孩子内在的自省能力。

父母说话之道

“宝贝，你为什么拒绝？我想听听你的想法。”

不说贬损孩子的话

孩子顶嘴，可能是因为父母先“攻击”了孩子：“你怎么那么粗心？”“你怎么那么没有眼力见儿？”“你怎么那么笨。”这些父母无意识的负面评价会伤害孩子的自尊心，引起孩子的反抗情绪和自我保护的反应。此时，孩子与父母间的争辩不再是为了解决问题，而是为了维护自尊心，分出“谁对谁错”。当孩子“较劲”时，父母要快速意识到问题所在，反思自己是不是说了什么话刺激到了孩子。

顶嘴是孩子面对贬低和攻击时的防御行为，父母要克制住“还嘴”的欲望，才能及时停止争吵。

了解孩子的想法，解决矛盾根源

在孩子的成长过程中，其身心特点与成人不同，父母不能仅凭孩子的外在表现就臆断孩子的内心想法，更不该给孩子“贴标签”。父母需要理解某些现象背后隐藏的孩子生长发育的特点，例如，孩子的占有欲、“唱反调”的行为等与其自我意识发展有关：如果强迫孩子做他不愿意做的事情，就会使孩子安全感缺失，影响其心理健康发展；而一味纵容孩子则不利于其规则意识的建立，还会让孩子形成目中无人的性格。因此，父母要认真倾听孩子的话语，充分了解孩子的真实需求，解答孩子的内心困惑，才能从根源解决矛盾。

在很多事情上，孩子缺乏常识，父母要学习如何把道理讲清楚，而不仅仅靠严令禁止。

合理表达自己的感受

告诉孩子如何温和又直白地表达自己的感受。顶嘴是不尊重父母的表现，父母听到之后会很伤心、很愤怒：“孩子，你这样和我说话，让我感到不被尊重，我很难过。如果你用温和一点的语言向我提出意见，我会更容易接受。你可以把刚才想对我说的话再好好说一遍吗？”

如果孩子顶嘴是因为觉得父母不够尊重自己，父母要向孩子道歉，并调整自己的说话方式：“孩子，我刚刚的说话方式让你感到不舒服了，这样做是不对的，我道歉。我会把刚才那句话重说一遍，你也可以把刚才的话收回，再好好对我说一遍吗？”

敢顶嘴的孩子更聪明

许多家长可能都遇到过这样的情况，原本乖巧的孩子，突然有一天开始爱“抬杠”了，本来想和孩子讲道理，却没想到孩子伶牙俐齿，自己都有些说不过孩子了。其实，这未尝不是件好事，这说明孩子能够观察生活并独立思考了，而且还有了提出质疑的勇气。有人曾说：“人类之所以进步，是因为下一代不听上一代的话。”面对孩子的“抬杠”，父母不必急着否定或反驳，不妨顺着孩子的话展开讨论，锻炼孩子的思辨能力。

亲子陪伴成长游戏

小小传话员

适宜年龄：2 岁以上　　**用具准备：**无

练习方法：1. 在房间内，爸爸妈妈各站在房间的一边，让孩子在中间传话。2. 妈妈附在孩子耳边悄悄说一句话，比如："上山打老虎。"让孩子跑到爸爸耳边传话，而爸爸接收到讯息后，大声说出答案。3. 如果答案正确，可以给孩子一些贴纸作为奖励。待孩子熟练后，可适时增加句子长度与丰富性，提高游戏复杂度。

听故事，讲道理

适宜年龄：3~6 岁　　**用具准备：**故事书

练习方法：1. 妈妈抱着孩子坐着，妈妈给孩子讲故事：早晨，红彤彤的太阳升起来了，小猴子到小鸡家去做客。小猴子来到小鸡家："小鸡，请开门。"小鸡问："谁呀？"小猴子说："我是小猴子。"小鸡说："原来是你，快快请进。"小猴子说："谢谢！"然后小猴子和小鸡一起快乐地玩积木、画画。天黑了，月亮出来了，小猴子快乐地回家了。2. 妈妈讲完之后和孩子分角色把故事演绎一下。3. 让孩子评价故事中人物的行为对不对。

改变孩子，不如改变自己——养成稳定的情绪

父母的情绪，对孩子心理健康发育有直接影响。父母情绪不稳定，动不动就大吼大叫，甚至动手打人，导致孩子经常处于紧张和恐惧中，对世界缺乏最起码的信任感和安全感；而父母情绪平和友善，孩子也会笑容更多、幸福感更强，看待世界的态度也更加宽容，情商更高。

如何管理自己的情绪

父母要学会管理好自己的情绪，做情绪的主人。具体该如何做呢？首先，要学会调整自己的情绪，在孩子面前时，不要让孩子总感觉到你是愤怒的。其次，要学会接纳，在孩子闹情绪、犯错时，要先接受，再和孩子交流，了解原因后再进一步与孩子共同成长。最后，父母要懂得怎样疏解负面情绪，不带坏情绪回家。

三步，做一个情绪稳定的父母

- 遇到事情，放慢说话的速度，让自己保持理性，不让语言成为伤害孩子的利器。
- 深呼吸几次，深呼吸这个动作可以激活大脑中控制情绪的神经。
- 看到孩子好的一面，相信孩子并不是一无是处。

父母情绪不好，会养出什么样的孩子

- 父母暴躁易怒会让孩子非常恐惧，为了不被父母责骂训斥，孩子会不断道歉，并开始学着讨好父母，变成父母眼中的“乖孩子”。
- 情绪易怒的父母，会将孩子推远，孩子会逐渐长成冷淡封闭的人，不喜欢与父母、与他人交流。
- 父母喜怒无常，会导致孩子焦虑、自我怀疑。
- 父母的“坏情绪”会传染给孩子，让孩子养成暴躁的性格。

这些情绪化表现会伤害到孩子，不要再做了

- **暴躁易怒**
- **絮叨叮嘱**
- **独断专行**
- **爱焦虑**
- **情绪起伏大**
- **使用冷暴力**
- **总贬低孩子**
- **冲动暴力**
- **大吼大叫**

孩子的情绪会受到家庭环境的影响，如果父母在家急躁、暴力，过于冲动，孩子也会变得急躁，请父母快改掉这些情绪化表现吧。

第四章
父母适度放手才能养出自立的孩子

“世上只有一种爱以分离为目的，那就是父母对孩子的爱。”孩子从脱离母体开始，就会朝着自身独立的发育方向奔去，最终在社会中能够独立生存。父母要给孩子自己动脑、动手的机会，让孩子自己做选择，相信孩子终有一天能独当一面。

让孩子爱干净

让宝宝多参加清洁活动，培养卫生意识

顶顶活泼开朗，很喜欢户外运动。星期天下午，顶顶和小朋友们在公园里玩，他跪在地上，玩得不亦乐乎。“顶顶，当心你的裤子！”尽管妈妈再三提醒，顶顶还是玩得满身是土。唉，这孩子，什么时候才能知道注意卫生啊！

玩沙子的卫生要求

玩沙子是很多小朋友都喜欢的游戏，玩沙子能培养孩子的创造力，还能让孩子的感知觉更敏锐。在玩沙子前，家长要和孩子约法三章：玩沙子时不揉眼睛、不扬沙子、不吃沙子、不坐在沙子上，玩沙后及时洗手，养成良好的卫生习惯。

明确卫生要求

孩子学会保持个人卫生是个渐进的、长期坚持的过程，在生活中要随时告诉孩子哪些是对的，哪些是不卫生的，帮他建立一个客观的卫生标准。

1. 起床后洗漱：每天早晨起床后，孩子必须洗手、洗脸。
2. 睡前清洁：睡觉前养成洗手、洗脸、洗脚、洗屁股的习惯。
3. 仪表整洁：定期为孩子洗头、洗澡、理发、剪指甲。
4. 口腔卫生：每日三餐后及吃点心、水果、零食后均应用温开水漱口；起床后、睡觉前刷牙。
5. 文明习惯：不随地吐痰，不随地大小便。

父母还要耐心纠正孩子挖鼻孔、抠耳朵等坏习惯，这些坏习惯既不利于健康，看起来也不文明雅观。为保证良好的卫生习惯的养成，父母要为孩子创造和准备洗漱的环境和用品，每天坚持，从不间断，久而久之就能养成好的卫生习惯。

让洗手变得有趣

手是病从口入的媒介，饭前、便后洗手是保证手卫生的基本条件。还应教育孩子，手弄脏后要随脏随洗，也可使用纸巾。一天当中任何需要洗手的时候，都可以用来教他洗手。对于小宝宝，任何接触水的活动他都能随时接受，而且他会非常快乐。

用浴盆给孩子洗澡时，父母要全程陪同，以防孩子溺水。

父母可以准备一套小金属碗，里面放入不同温度的水。准备两碗用温度计精确测量过的温度不同的水，让孩子将手放入碗中感受它们的温度。

让孩子把手交替放入冷水和温水中，以此来体验不同水温间的差别。孩子在洗手时要养成用温水洗手的好习惯。

为孩子做示范

孩子的个人清洁卫生习惯、饮食习惯、大小便习惯及集体卫生习惯、环境卫生习惯等不是一天两天就能培养起来的，父母应经常督促、提醒。为了使孩子感兴趣，并能更好地掌握洗漱方法，父母可将洗漱过程编成儿歌，比如洗手歌、洗脸歌、刷牙歌，教给孩子唱。父母要持之以恒，并以身作则，使孩子不断地重复、巩固洗漱方法，养成良好的卫生习惯。

让孩子每晚舒舒服服地用热水泡泡脚，疏散孩子一天的疲惫，有利于提高孩子的睡眠质量。对孩子来说，热水洗脚既干净又解乏，还有助于培养良好的卫生习惯。在洗脚的同时，父母为孩子不断地按摩脚趾和脚心，解乏的效果会更好。

父母要先告诉孩子每晚睡前都要洗脚，并以身作则，和孩子一起洗脚。让孩子的双脚浸入水中，父母和孩子一起安安静静地体会热水让脚部血流加快的感觉。父母给孩子搓脚，让孩子留心观察父母给自己洗脚时手的动作和顺序。如果孩子要求自己洗，父母可以在一边自己洗脚做示范。

卫生习惯从小养成

从婴幼儿时期起经常洗澡

• 孩子代谢旺盛，易出汗，需要经常洗澡以免滋生细菌。但是，当孩子剧烈反抗时，不要强迫孩子洗澡，要先安抚孩子的情绪，避免让孩子受到惊吓。

教孩子使用手纸

• 教宝宝用手纸擦汗、擦鼻涕、擦眼睛、擦嘴上的食物残渣、擦手、擦衣服上的污物等。还要从小培养孩子在咳嗽、打喷嚏时用手纸捂住口鼻的习惯。

父母说话之道

“宝贝今天衣着整洁，看上去很精神嘛！”

父母行为宜忌

儿童卫生习惯培养宜忌！

让孩子觉得清洗是一件有趣的事情

让孩子学会注意卫生情况

孩子会走后，每天在屋里东窜西跑，忙于探索。此时，让孩子主动参加一些洗漱活动，正是从小培养孩子卫生习惯的好时机。

年龄较小的孩子没有“干净”和“肮脏”的概念，父母可以借助彩色图片来培养孩子区分干净和肮脏的能力，或者让孩子闻一闻洗干净的衣服的味道，有助于增强个人卫生意识。

使用**无刺激性**的洗发水和洗发帽。很多孩子对洗头发有恐惧，洗发水流进眼睛和耳朵里会让孩子非常难受，水从头上流下来会让孩子感到恐惧，使用无刺激性的洗发水和洗发帽能给孩子带来**安全感**，不再抗拒洗头发。

父母可以准备一些**洗澡玩具**。玩具能让洗澡时间充满乐趣，玩水能激发孩子的想象力，玩具有的漂浮在水上、有的沉入水中，对孩子来说是一件很神奇的事情，观察这些现象能让孩子对**浮力**有初步的认知。

父母不能为了避免孩子弄脏衣服而**限制孩子玩耍**。也不要威胁孩子：“再把衣服弄那么脏，就不让你玩了。”这会让孩子失去很多乐趣，还会影响其**运动能力、感知觉能力**的发展。

亲子陪伴成长游戏

学洗手

适宜年龄：1~3 岁　用具准备：小盆、毛巾、香皂

练习方法： 1. 用小盆盛好清水，教孩子先将手弄湿，然后拿香皂涂抹全手，手心手背都要抹到。2. 放下香皂，双手对搓，要特别提醒孩子清洗手指之间的缝隙和指甲周围。3. 清水中洗净手上的香皂，然后用干净的毛巾把手擦干。平时还可以让孩子用流动水洗手。4. 父母还可以教孩子唱《洗手歌》，用音乐和儿歌激发孩子的兴趣。

洗手歌

小朋友，来洗手。
卷起袖，淋湿手。
抹上香皂搓呀搓，
清清水里冲一冲，
再用毛巾擦一擦，
我的小手真干净。

比比谁干净

适宜年龄：3~6 岁　用具准备：一组画着小孩的图画

练习方法： 1. 父母拿着一组画有小孩的对照图片，问孩子："哪一个孩子比较脏？" 2. 引导孩子思考：在屋外可以尽情地玩，但是回到家中应该怎么办呢？ 3. 给孩子普及卫生常识，比如，吃饭前要洗手，不用脏手揉眼睛等。4. 当孩子弄脏自己的衣服后，父母不要大声斥责他，而是引导他去洗干净或者换上干净的衣服。

告别乱七八糟的房间

从小培养自立能力，才能逐步摆脱对父母的心理依赖

璐璐从上个月起，正式有了自己的房间。刚拥有独立房间的璐璐很兴奋，把自己的衣服、玩具、书，还有各种宝贝摆来摆去，很享受掌控个人空间的快乐。但是，几周过去了，爸爸妈妈发现璐璐的房间越来越乱，漂亮的新房间眼瞧着变成了“猪窝”。这可不行，该让璐璐学会整理房间了。

保持房间整洁的小技巧

根据使用频率整理物品

• 常用的东西要放在方便取用的地方，不常用的东西放进收纳柜，避免经常翻找破坏房间整洁。

适度容忍混乱

• 只要保证房间整体看上去不乱就可以，追求每一处细节都很整洁会花费很多时间，不利于保持整理房间的积极性。

定期整理

• 定期打扫卫生，清理废弃物品，每逢换季整理衣柜，将上一个季度的衣物整理收纳好。

养成物归原处的好习惯

家中的各种物品要摆放整齐，使用完毕后需物归原处。一旦宝宝习惯了有秩序的外在环境，自然会养成物归原处的习惯。生活中一些不起眼的小细节往往可以满足宝宝内心涌动的、无法抑制的秩序敏感期爆发需求。平时鼓励宝宝自己动手收拾玩具、图书，即使宝宝表现得“笨手笨脚”、越帮越忙，也不要斥责他，而要耐心指导、不断鼓励。

家庭成员之间和睦关爱、长幼有序，能促使宝宝形成一种追求文明、秩序的美好心态。在规律的作息、整洁的环境和和睦的家庭中可以满足宝宝秩序敏感期的爆发。

教孩子简单的家务劳动

孩子还很小，很多家务活是无法胜任的，家长一定要让孩子做一些适合他年龄段，且在他能力范围之内的家务。如果父母让一个 3 岁的孩子收拾、打扫自己的房间，他肯定无从下手，此时，应当让他做一些简单的家务事，比如，开饭前帮忙分筷子，饭后，教给他擦桌子；父母也可以和孩子一起收拾玩具、图书等。

父母可以为孩子提供一份他能够做的家务清单，让他自己选择其中的 1~2 项工作，这会让孩子觉得自己有选择的权利，就会更加心甘情愿地去做自己选择的“工作”。

父母说话之道

“宝贝，玩具累了，要回家休息了，我们一起送它回家吧！”

不同年龄的孩子能做的家务活

2~3 岁：

丢垃圾、收拾玩具。

独立刷牙。

擦桌子、擦灰尘。

选择自己要穿的衣服。

将用完的毛巾、牙刷放整齐。

4~6 岁：

学习叠衣服、铺床。

准备自己第二天要穿的衣服。

按颜色将要洗的衣服分类。

穿衣服。

收拾小书包。

把衣服挂到衣架上。

学习清洗蔬果。

要让宝宝负责打扫自己的书桌、椅子。

为孩子准备收纳工具

父母可以为孩子购买一些合适的收纳盒、篮子或架子，帮助他们分类和存放物品。

玩具是孩子房间中常见的物品，因此选择适当的玩具收纳盒或篮子非常重要。可以根据玩具的种类和大小，选择不同规格和形状的收纳盒。同时，为了方便孩子查找和整理，建议使用带有标签或图案的收纳盒，让孩子能够清楚地知道每个盒子里放的是什么玩具。

对于衣物，可以考虑使用衣柜或衣架。衣柜可以购买带有分隔的款式，以便分类放置不同种类的衣物，如上衣、裤子、裙子等。衣架则适用于挂放常穿的衣服，方便孩子取用。

此外，还可以使用抽屉柜或储物箱来存放其他小物件，如文具、小玩具等。抽屉柜的分层设计可以帮助孩子分类存放物品，而储物箱则可以用来存放季节性的衣物或被子等。

在选择收纳工具时，还需要注意材质和质量。选择结实耐用、易于清洁的材质，确保收纳工具能够长时间使用。同时，根据孩子的年龄和喜好，可以选择颜色鲜艳、造型可爱的收纳工具，以增加孩子整理房间的兴趣和动力。使用收纳工具的同时，也要教育孩子如何正确使用和整理这些工具。让他们了解每个收纳工具的用途和放置位置，培养他们自主整理房间的能力和习惯。

父母行为宜忌

儿童家务习惯培养宜忌！

参与家务劳动能让孩子发现生活的乐趣

每个人都要参与家务劳动

让孩子养成劳动的习惯可以增强孩子的各种情感体验。但是很多父母都不让孩子参与家务劳动，觉得是浪费孩子的时间。要知道，对孩子来说，自己整理小床、倒掉废纸篓、打扫卫生等这些劳动实践是学习知识、了解认识社会的重要途径。

一个在家里不做家务的孩子，当他离开父母的时候，很难能游刃有余地在复杂的社会中生存发展。

可以在孩子对家务内容产生好奇心的时候**发出邀请**。比如，孩子看见家人在做饭，自己也想动手试试，家人此时就可以向孩子发出邀请：“宝宝，想不想洗菜？奶奶来教你。”

表扬和赞赏能提升孩子做家务的**积极性**，父母要多鼓励孩子，找出孩子做家务时的可取之处，比如，对孩子说：“你洗菜洗得好快！而且几乎没有碰伤菜叶。”

父母不要因为孩子太忙就**代替孩子做家务**，也不要觉得孩子年龄太小、无法胜任就剥夺孩子做家务的权利。不让孩子做家务，会让孩子养成**懒惰**的心理，不利于培养责任感。

亲子陪伴成长游戏

采蘑菇

适宜年龄：1~2 岁　　**用具准备：**小筐

练习方法：1. 带上两个小筐和孩子到草地上做采蘑菇的游戏。妈妈告诉孩子小白兔的外形特点和爱吃的食物后，对孩子说："宝宝当小白兔，妈妈当兔妈妈，看谁采的蘑菇多。2. 地上的一片树叶、一个石子都可以当成"蘑菇"，捡到小筐里。然后和孩子一起数，比一比谁采的"蘑菇"多，培养孩子的劳动意识。

送玩具回家

适宜年龄：2~6 岁　　**用具准备：**玩具、玩具箱

练习方法：1. 孩子玩完玩具后，告诉孩子玩具出来很久了，要送玩具回家。2. 让孩子把自己的玩具分门别类地放回去。积木放回袋子，字卡放回盒子，等等。3. 等孩子把玩具都放回去后，要给孩子鼓励和表扬。4. 如果孩子不能完成，或者是哭闹，可以让他冷静一下，等孩子平静了再让孩子继续他的劳动。

让孩子布置房间

适宜年龄：3 岁以上　**用具准备：**布置房间所需要的物品

练习方法：1. 父母和孩子一起筹划一个房间的设计方案，为孩子的房间做布置。2. 孩子若是向父母征求意见，父母要提出自己的建议，并对他说："这件事最后你要自己做主，父母相信你一定会做好的。"3. 孩子布置好房间后，如果可行，父母要称赞孩子；如果不可行，父母也不要批评，而要鼓励孩子并提出修改建议。

“自己想想”反而干扰了孩子的思维

培养独立性固然重要，但适度依赖更有助于维持健康的人际关系

萌萌5岁了。为了培养她的独立意识，爸爸妈妈常教导萌萌遇到困难、与小朋友发生冲突要自己努力想办法，生活中很少给予萌萌帮助。

这天，萌萌的妈妈去幼儿园接萌萌，碰巧看见有小朋友在拉扯萌萌的头发，萌萌疼得掉眼泪，却什么也没做。萌萌的妈妈很着急，问萌萌被欺负了为什么不和老师说，萌萌却说：“因为妈妈说，遇到麻烦要自己想办法解决。”

教会孩子如何向他人求助

- 当孩子主动寻求帮助时，父母不要直接拒绝。
- 当孩子向他人求助被拒绝时，父母要适当安慰并鼓励孩子。
- 当他人为孩子提供帮助后，提醒孩子表达感谢。

总让孩子自己想办法，孩子会变得不敢求助

许多父母总是希望自己的孩子能成熟、独立，于是在孩子还很小的时候就开始锻炼他独立解决问题的能力。虽然从小培养独立意识很重要，但过于激进的教育方式很可能会伤害孩子。比如，孩子学习时遇到不会的问题，有的父母常常对孩子说“自己想”，他们认为这些知识在课堂上已经学过，孩子理应具备解决的能力。但是，寻求帮助同样是一种解决问题的能力。孩子的思考能力、行动能力存在差异，即使是学过的知识，有不会的问题也很正常，在学习过程中需要父母的提示和启发。

父母轻易拒绝孩子的请求，会让孩子缺乏安全感：当他需要帮助的时候，会下意识地认为不会有人愿意帮助自己，向他人求助是在给他人添麻烦。

父母要通过榜样示范让孩子认识到向他人求助是非常正常的事情。

适度依赖更有利于人际关系发展

在人际交往中，适度地求助和示弱能拉近人与人之间的关系，在相互帮助、相互需要下，朋友之间的友谊才会越加深厚。与父母之间建立的亲子依恋关系是孩子人生中最早体验到的关系，同时也是人际关系中最为重要的一环。如果孩子向父母求助时总能得到帮助和支持，他就会懂得向其他人求助是很

正常、很有价值的事。在向他人求助的过程中，他能找到真正愿意帮助他的朋友。

但是，如果孩子向父母求助时总是被拒绝、责怪或训斥，他则会“学会”尽量避免向他人求助，认为向他人求助是令人羞耻的、无能的表现。当遇到困难时，他会选择“逞能”，甚至排斥他人主动提供的帮助，别人难以走入他的心中，因此他总是很孤独。

给孩子足够的鼓励和支持，才能让他更独立

好孩子是夸出来的，父母不要吝啬对孩子的夸奖和鼓励。当孩子的行为受到鼓励时，大脑中的愉悦体验会让孩子在下一次更倾向于再次这么做。经常鼓励孩子可以给孩子积极的心理暗示，当孩子提出自己的想法时，父母要尽量予以支持。虽然一开始时，孩子的想法往往不够成熟，实施起来可能欠妥当，但只要无伤大雅、不会给他人造成影响，父母也可以尽量配合。采纳孩子的想法对孩子来说是莫大的鼓励，当孩子意识到自己可以决定事情走向时，会更愿意提出自己的想法，从而变得更有主见。

独立性需要一步步培养，孩子学习技能的过程离不开父母的支持和帮助。有时候，帮助孩子完成一件事情比自己代替孩子完成要辛苦得多，一些孩子可能会不断重复错误的动作并拒绝听从大人的建议，这是孩子学习技能的过程，家长需要耐心地指导。

孩子求助时，不要这样说

“你怎么连这个都不会？”

• 父母眼中简单的事情，在孩子眼中却未必简单，这么说会伤害孩子的自尊心，让孩子不敢求助。

“我相信你能自己解决。”

• 孩子向父母求助，父母却将问题抛回给孩子。孩子得不到实质性帮助，就不再愿意向父母求助了。

孩子向父母求助时，父母可以给孩子一些实质性的帮助或建议，但不要总是代替孩子解决问题。

父母说话之道

“宝贝，遇到困难的时候可以向爸爸妈妈求助，爸爸妈妈会很愿意帮助你的。而且，向别人求助是一件很正常的事情，爸爸妈妈遇到困难时也会向别人求助的。”

给孩子有限度的自由

虽然有独立意识是一件好事，但是有时出于安全等因素考虑，父母不敢放手让孩子尝试。身为父母，我们时常面对这样的困境：管多了，孩子事事听从父母安排，不利于培养独立性和创造性；管少了，孩子难控制，爱闯祸还容易出危险。针对这个问题，父母要根据孩子的年龄和能力进行调整，从有限制的选择开始，逐步放下手中的权力。当孩子有其他想法时，可以和父母协商探讨。

有时候，孩子会表现出强烈的独立尝试的意愿，不希望父母帮忙，这是孩子在探索自身能力发展的过程，当他们能独立完成一件事情时，会获得强烈的成就感。此时父母要在一旁耐心观察，也可以暂时离开，给孩子充分尝试的机会。

当心孩子出现“习得性无助”

当孩子努力了很久，经历了一次又一次的失败后，会逐渐失去斗志，形成“自己的行为无法改变结果”的观念，这就是“习得性无助”。习得性无助可能会导致孩子悲观、抑郁，放弃努力，孩子的自尊心下降，变得看起来什么都不在乎，甚至更严重者需要接受专业的心理治疗。

预防孩子出现“习得性无助”，父母要做到随时关注孩子的变化。无论孩子做得好或不好，父母都应该给予坚定而包容的响应——要向孩子传达一个信息，那就是：“我听到了，我在这里，我们一起来解决”。一些父母为了锻炼孩子的独立性，会将孩子抛在一边，任由孩子不断尝试。但孩子的能力有限，任务太难会让孩子不断经历挫折，这对孩子来说，不是锻炼，而是折磨。过多的挫折不会提高孩子的“抗挫力”，反而会给孩子留下痛苦的回忆，让孩子更加害怕失败。

“习得性无助”的三个特征

- 自我否定，怀疑自己的能力以及认为自己是导致问题发生的根源。
- 在问题出现时认为其负面影响会扩展到自己生活的各个方面。
- 在问题发生后无法释怀并认为问题是不可能被解决的。

遇到挫折时，父母要陪孩子找到失败的原因，在挫折中成长。

父母说话之道

“宝贝，遇到困难不要退缩，按照自己的想法大胆地去做，做错了也没关系，每个人都是在错误中成长的。”

亲子陪伴成长游戏

大声说出来

适宜年龄：1 岁以上 **用具准备：**无

练习方法：1. 日常生活中，爸爸妈妈要多鼓励孩子用语言表达自己的需求。2. 比如，孩子想要喝水的时候可能会指着水杯，这时妈妈不要马上就满足孩子的需求，而是要引导孩子说出来，妈妈说："宝宝是不是渴了？渴了就要喝水，用水杯喝水。"鼓励孩子自己说出"水杯"或者"喝水"。3. 妈妈还可以准备一些水果，然后放在桌上，问孩子："宝宝吃水果吗？想吃什么水果？"鼓励孩子说出他想吃的水果，而不要用"这个""那个"来表达。

白杨和小河

适宜年龄：3 岁以上 **用具准备：**无

练习方法：1. 和孩子一起听歌曲《白杨和小河》。2. 带孩子一起唱"美丽的田野上有条小河，岸边的白杨呀唱起歌，感谢小河把我滋润，我才长成挺拔的身躯，翠绿的枝叶，翠绿的枝叶。弯弯的小河呀荡起清波，向着白杨呀唱起歌，感谢你为我守护堤岸，我才能够静静地流淌，卷起浪花千朵，卷起浪花千朵哟。白杨和小河哟，同唱一支歌，你帮我、我帮你，你帮我、我帮你，啊啦啦，啊啦啦。我们的生活多快活哟，多快活……"3. 给孩子解释歌词的意思。让孩子明白朋友间的帮助是互相的，不是一方的单向付出。

总要吵着买新玩具

为孩子做好理性消费的榜样

乐乐今天和爸爸妈妈出门购物，他看到了一个自己最喜欢的动画片人物的玩偶，想让爸爸妈妈买下来。但是玩偶价格很贵，妈妈说："乐乐，家里已经有很多玩具啦，咱们今天就先不买了。"乐乐反复央求妈妈，几番软磨硬泡都无济于事，乐乐最终崩溃大哭，喊着："我就要！我就要！"爸爸妈妈又生气又无奈：这孩子，怎么这么任性呢？

为孩子树立正确的金钱观和消费观

从小养成记账和储蓄的习惯

• 孩子 6 岁以后，父母可以考虑每周给孩子一点零花钱，并给孩子一个小账本，帮助孩子养成记账的习惯。

父母做好榜样

• 父母的消费观对孩子有很大的影响，因此，父母要尽量避免冲动消费。

不要过度"穷养"

• 一些父母怕惯坏孩子，过度要求孩子节俭，这可能会导致孩子把金钱看得过重，形成扭曲的金钱观。

认同孩子的好奇心和物质欲

孩子对新鲜的事物总是充满了好奇心，却对购买商品所需的金钱没有什么概念，看到漂亮有趣的东西总想要拥有，却不理解买下这些商品需要付出多少劳动。孩子的自制力较弱，面对这些诱惑时难以自拔，父母要予以理解。当孩子说出"我想要"时，是在表达自己对商品喜爱的心情，父母此时可以说："哇，这个玩具真的好有趣啊，我也很喜欢。但是我们之前约定好了每 3 个月只能买一个新玩具，很可惜，我们暂时不能买下它了。不过，你可以多在这儿看一会儿再走。"这样，即使孩子没有得到玩具，也能感受到父母很重视他的感受，很爱自己，便在情感上得到了安慰。

倡导玩具分享与交换

父母可以鼓励孩子与同龄伙伴分享玩具，或者组织玩具交换活动。这样不仅可以减少购买新玩具的需求，还能培养孩子的社交能力和合作精神。那么，如何倡导玩具分享与交换呢？以下是一些具体的建议：

创造分享的环境。父母可以在家庭或社区中为孩子创造一个玩具分享的环境。比如，可以定期组织玩具分享活动，邀请孩子的朋友和邻居一起参与。在活动开始前，父母可以帮助孩子整理好要分享的玩具，并教他们如何向他人介绍自己的玩具。

建立交换的规则。在进行玩具交换时，父母要帮助孩子建立一些基本的规则，如双方同意、等价交换等。这可以避免因交换不均等而引发的矛盾，同时也能让孩子学会尊重他人的意愿和感受。

区分想要和需要

从孩子了解购物的概念起，父母就可以和孩子一起制作购物清单了。对于 6 岁以上的孩子，在购物过程中，父母还可以教会孩子选购商品的方法，比如，教孩子比较价格、质量、出产地、配料成分等，引导孩子建立理性的消费观念。

父母可以在购物前和孩子一起制作购物清单，和孩子讨论哪些东西属于生活必需品，如果不买就难以生活或者生活非常不便利，哪些东西使用率较低。父母可以提前给出一个预算，和孩子一起思考：在预算有限的情况下，哪些商品需要优先购买，哪些商品可以下个月再买，哪些商品不需要购买。在分辨“想要”和“需要”的区别的同时，也要教孩子如何攒钱，如何按需对金钱进行分配，这样才能帮助孩子更好地建立金钱观。在想要的东西中，不同的东西，重要程度也会有所差异。如果孩子特别想要某些东西，那么可以让他说说必须购买的理由，并且可以全家人共同讨论，是不是同意买这件东西。一旦决定购买，那么孩子就需要在其他的东西上消减预算，从而逐渐学会把钱花在真正在意的东西上。

宝宝从 3 岁起认识钱币，有助于其计算能力的发展。

父母说话之道

“宝贝，爸爸妈妈明天想去商场购物，咱们来一起制作购物清单吧！”

父母行为宜忌

儿童购物习惯培养宜忌！

引导孩子养成按需购买的好习惯，不能见到什么买什么

父母外出购物时应尽量**避免冲动消费**，尽量减少购买实用性差、使用率低的商品，以免给孩子**错误的引导**。

父母可以和孩子一起制订一个**玩具购买规则**，满足条件时才能买玩具，比如，需要多承担一部分家务。在购买规则的约束下，孩子可能会重新思考自己的选择，在各种玩具中挑选出自己最喜爱的一款，从而减少**冲动消费**。

父母应尽量避免“没带钱”或“买不起”一类**哄骗孩子**的说法，这种说法通常瞒不过孩子的眼睛，反而会让孩子对父母**失去信任**，让孩子变得更加恼火。

延时满足需要训练

情感的自我控制是一个人走向成熟的心理要素之一。幼儿的自控能力弱，会导致其容易冲动，而游戏恰好能帮助幼儿自觉放弃冲动，学会克制自己。

父母可以带孩子玩一些需要耐心的游戏，比如，寻找宝藏、做软陶泥手工等，或者去参加一些需要等待的项目。告诉孩子如果想成功，就需要先坚持一段时间，借此培养孩子的耐心，学会延时满足。

亲子陪伴成长游戏

建房子

适宜年龄：2 岁以上 用具准备：积木、奖励表格

练习方法：1. 和孩子一起坐在地板上，将一些积木放在面前。2. 让孩子用三四块积木搭建一座简单的建筑物。3. 孩子成功之后，在表格上面写上积木的数量，并在后面画上一面小红旗，奖励孩子的成功。4. 为孩子确立新的目标，例如搭建 6~8 块积木的房子，孩子成功后为孩子实现的新目标画上小红旗。

一起买东西

适宜年龄：4 岁以上 用具准备：钱币

练习方法：1. 父母带着孩子一起出门买东西。2. 拿起物品，告诉他上面贴的是价钱，要有足够的钱才能买到。3. 让孩子观察父母购物，之后再告诉孩子，如果父母给的钱是刚好的，就不用找钱，不然就要等售货员找钱。4. 可以给孩子刚好的钱，鼓励他自己去买其中一个小额商品，例如一块橡皮、一支铅笔等。

小朋友间的冲突不要过度插手

适时放手，锻炼孩子的应变能力

可可和冰冰是一对好朋友。周六下午，两人在公园的儿童沙滩一起挖沙子。在堆沙堡的过程中，可可和冰冰对沙堡的建设意见出现了分歧，开始争抢堆沙工具。“可可，不许抢！”可可的妈妈看见了，立刻出言制止可可。“小桶是我先拿的，我还没用完。”可可不放手。“我想和可可一起堆个高的。”冰冰也不放手。“有什么大不了的，你就先给他呗。”冰冰妈妈也来劝冰冰。冰冰终于松了手，但经过一番争执，两个人都没有玩沙子的兴致了，只得不欢而散。

孩子之间起冲突，父母这样做

- 耐心听孩子讲述经过。
- 理解并认同孩子的感受。
- 当孩子不知道该怎么解决时，给孩子建议。

先安抚情绪，再处理问题

随着生理、心理的发育，孩子开始逐渐接触更多的事物。他们对这些事物的认识，只能完全凭着自己的情绪与兴趣来参与。当孩子遇到挫折或是身体不舒服的时候，很自然地就会通过发脾气来表达，比如大喊大叫或是扯妈妈的头发。

2~3岁的孩子以自我为中心、有什么不顺心的事就发脾气、摔玩具，和小朋友闹别扭就挥小拳头，这些都是很正常的，这是孩子在心理上的第一个反抗期，几乎所有的孩子在两周岁左右都会经历的一个成长过程。

孩子在交往的过程中难免会产生争执，甚至会打起来。遇到这种情况，父母应该谨慎对待，不随意对孩子的打架行为下结论，而是探究孩子打架的原因，寻找解决问题的办法。孩子处于盛怒时很难听进父母的劝告和说教，父母应该先让孩子平静下来，可以对孩子说：“你现在很生气，需要一点时间冷静一下。你可以去小花园一个人待一会儿，我们等一下再谈。”等孩子情绪稍缓和一些时，父母再向孩子询问事情经过，告诉孩子一些处理问题的技巧，比如争抢玩具时，可

小朋友之间发生了肢体冲突，父母要先把孩子分开，让孩子冷静一会儿。

以猜拳决定谁先玩玩具，每个人玩10分钟，或者用自己手中的玩具交换；打人伤害到了别人，需要道歉并承担责任。

让孩子学会自我保护

孩子之间打架很常见，但是有时也会造成非常严重的意外事故。父母要从小培养孩子的安全意识，避免在玻璃制品附近打闹，比如：镜子、窗户、花瓶等；避免在楼梯上、窗边、护栏旁打闹；小心锐物、重物，比如削尖的铅笔、螺丝刀、桌椅等；当发生冲突时，要注意保护自己的头部和躯干，尤其要保护眼睛。受到欺负时要大声呼救，当受到威胁时要懂得服软，要把自己的人身安全放在第一位。遇到麻烦要及时向可信赖的人求救，比如父母、老师、警察等。

父母可以多陪孩子参加户外活动，增强身体素质，常玩砍沙包、打鸭子等躲避游戏，锻炼身体灵活性，这样孩子被攻击时能够灵巧地躲避，以减少伤害。

不要逼迫孩子和好

小朋友之间闹矛盾，是否和好应该由孩子自己决定。否则，即使在父母的强迫下两个人握手言和，心结没有真正解开，也很难再玩到一起去。孩子有权利决定自己是否和解、什么时候和解、以什么方式和解，父母给孩子充分的尊重和信任。即使孩子可能做错了决定，父母也不必责怪或劝阻，独立决定是否和好能让孩子从人际关系的取舍中学到更多经验。

孩子之间发生争执，他们自己处理问题的过程，也是锻炼他们处理人际关系的过程。

父母说话之道

“爸爸妈妈相信你能独立解决，如果你需要帮助，爸爸妈妈也很乐意给你一些解决问题的建议。”

父母行为宜忌

儿童之间冲突处理宜忌！

父母的鼓励和信任是孩子独立解决冲突的动力

不过度插手孩子间的问题

孩子在交往中争斗，是他们在群体交往中协调、解决矛盾的一种手段，孩子们在这一过程中学会坚持自己的见解，与同伴竞争，还能培养忍耐能力，不断增长与其他孩子交往的知识。

父母不应过多干涉孩子间的问题，要让孩子自己去解决。如果孩子之间发生了严重的冲突，父母要先加以制止，以防止不必要的身体伤害。

替孩子**打抱不平**会激化孩子之间的矛盾。有时候孩子自己都不觉得是什么大事，父母的过激反应会让他们感到很**尴尬**。

强加观念会影响孩子的独立判断能力。父母处理矛盾的方式未必适合孩子，强迫孩子回避冲突或是睚眦必报还会影响孩子的**人格发展**，导致孩子养成不健康的社交习惯。

孩子向父母求助时，父母**坐视不管**会导致孩子失去安全感，变得**胆小怕事**。孩子之间的冲突长时间得不到解决，还会影响其人际交往，导致孩子变得内向。

亲子陪伴成长游戏

找朋友

适宜年龄：2~3 岁　　用具准备：无

练习方法：1. 花园里，几个年龄相当的小朋友坐着围成一圈，由一个小朋友开始玩找朋友的游戏。2. 大家一起拍手唱儿歌“找呀找呀找朋友，找到一个好朋友，敬个礼，握握手，你是我的好朋友，再见！”3. 找到后做敬礼、握手、再见动作。然后再交换找下一个朋友，以此类推。4. 集体性的游戏可以让孩子懂得和别人合作，并树立朦胧的集体意识。

布娃娃找朋友

适宜年龄：4 岁以上　用具准备：布娃娃

练习方法：1. 父母拿着布娃娃，说：“小朋友，你们好！可是，我只有一个人，没有朋友，你们愿意做我的朋友吗？我来找朋友咯！”2. 找到朋友后分别用“点点头，拍拍手”（对拍）、“笑眯眯，拍拍手”表示。例如：“你好，你好，点点头，拍拍手，我们都是好朋友。”（引导被找到的孩子跟着布娃娃做动作）3. “哇！我今天找到这么多朋友，好开心啊。请好朋友和我一起手拉手。”（被找到的孩子起立手拉手）“手拉手，一起走，我们都是好朋友。”

孩子交什么朋友，让他自己决定

孩子没那么容易“学坏”，要相信孩子的判断能力

安安在一次夏令营活动中认识了毛毛，碰巧，毛毛家就在安安家对面的小区，两个人经常一起玩。最近，安安妈妈发现安安玩电脑游戏的时间越来越长，妈妈问安安为什么突然喜欢玩电脑游戏了，安安说：“毛毛也玩，还有他家楼下的其他小朋友也都喜欢玩。”安安妈妈不禁有些担忧：这可怎么办，安安可别被带坏了啊！

孩子交友时可能遇到的问题

- 不敢交朋友
- 和缺少教养的“坏孩子”交朋友
- 交友无原则，经常受委屈。

认可孩子当下的判断

父母过于强硬地限制孩子交友会导致家庭矛盾，孩子可能出于逆反心理，与父母不喜欢的孩子交往更加密切，借此试探自己在父母心中的地位。而接受、认可孩子的判断有助于孩子建立自信和培养独立性，当面临选择时，孩子才更有可能相信自己的判断。

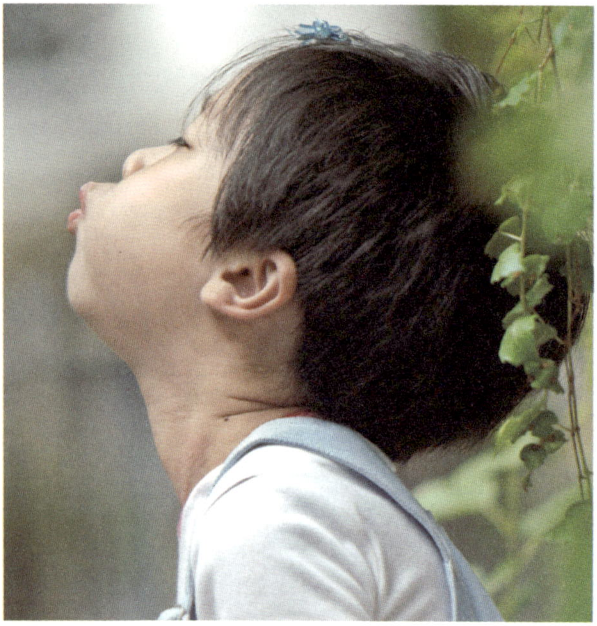

即使是成年人眼中的“坏孩子”，也可能有着独特的闪光点。成年人在不同环境下也会结交不同身份地位、不同行事作风的朋友。与不同类型的朋友交往，可以丰富孩子的阅历，还可以让孩子学会从不同角度思考问题。

专注于自己对孩子的积极影响

在案例中，虽然安安在和毛毛交往的过程中受到了不良影响，但这也是成长过程中的必然过程。每个人身上都会有这样或那样的缺点，父母不可能为了防止孩子被带坏而阻止孩子和所有人接触。

事实上，在孩子6岁以前，父母的行为才是影响孩子行为更重要的因素。父母与其担忧孩子被同龄

父母说话之道

“你们两个看起来很要好，能和我说说他的优点吗？”

人带坏，不如反思自己的教育出现了什么问题，忽略了孩子的哪些需求，导致孩子学习了错误的行为。父母越重视孩子出现的不良行为，这些行为就越容易被强化。既然孩子的朋友在几次交往中就能影响孩子，那么作为父母，我们陪孩子的时间更长，也一定能给孩子更多积极的影响。

儿童友谊的 5 个阶段

- 游戏同伴（3~7 岁）：一起玩就是朋友，分开了就不是。
- 单向帮助（4~9 岁）：顺从自己就是朋友，否则就不是朋友。
- 双向帮助（6~12 岁）：朋友之间相互帮助，互惠互利。
- 亲密共享（9~15 岁）：朋友间亲密交流，形成“小团体”。
- 自主共存（12 岁以上）：友谊关系更稳定，朋友间互相提供精神支持。

带孩子去更积极的社交环境

孩子的成长会受到身边的小团体影响，即使孩子知道某一行为不妥，也会迫于同龄人的压力，害怕自己会被小团体排斥而选择盲从，这在成年人中也很常见。因此，对于偶发的、迫于群体压力而出现的坏行为，父母应选择适当忽视。如果孩子受到较大影响，父母可以多带孩子接触一些行为习惯较好的孩子或者成年人，淡化先前受到的不良影响。多带孩子参加社会活动，比如社区的志愿服务活动、书店的读书分享会等，帮助孩子开阔视野，多关注积极向上的行为习惯，多接触积极进取的人，帮助孩子形成良好的行为习惯。

年纪小的孩子是非观较弱，父母要为孩子选择健康积极的环境。

父母行为宜忌

儿童择友行为管教宜忌！

要让孩子按照自己的意愿选择朋友

成为孩子的朋友。有的孩子在人际交往中异常卑微，总是习惯讨好朋友，生怕朋友不和自己玩了，这可能是缺少安全感的表现。父母多陪孩子玩，和孩子交朋友，能够增强孩子的自信心，在人际交往中更**勇敢**。

倾听孩子的烦恼。孩子在与朋友相处的过程中会遇到各种问题，有时遇到难题也会向父母求助。父母要耐心倾听，并给孩子一些建议和引导，以丰富孩子的社交经验。

阻止孩子和朋友一起玩。孩子的成长需要同龄人陪伴，父母眼中的“坏孩子”也是孩子人际交往中的一环。限制孩子的人际交往会挫伤孩子与人交往的积极性，还可能引起孩子的**逆反心理**，反而更愿意和“坏孩子”玩。

教孩子分清是非曲直

给孩子一双辨别是非的火眼金睛，教会孩子为自己的行为负责，才能从根源上避免孩子被带坏。父母可以多和孩子聊一聊他的朋友，比如：他最喜欢的朋友是谁，他身上有哪些优点、有哪些缺点……

引导孩子多观察身边的人，学会欣赏他人的优点，包容他人的缺点。孩子明事理，才会越来越优秀，越来越受欢迎。

亲子陪伴成长游戏

你是我的好朋友

适宜年龄：3~6 岁　用具准备：无

练习方法：1. 父母给孩子讲故事《一对好朋友》：茶壶对水杯说："我们是一对好朋友。"水杯说："对。"桌子对椅子说："我们是一对好朋友。"椅子说："对。"钥匙对锁说："我们是一对好朋友。"锁说："对。"雨伞对雨鞋说："我们是一对好朋友。"雨鞋说："对。"鸟笼对小鸟说："我们是一对好朋友。"小鸟说："不对不对，我的朋友是蓝天白云、大森林和绿草地。"小鸟还说："爱鸟的孩子也是我的好朋友。"**2.** 问问孩子，小鸟为什么说鸟笼不是小鸟的好朋友，引导孩子思考，什么才是真正的好朋友。

我会辨是非

适宜年龄：4 岁以上　用具准备：无

练习方法：1. 父母给孩子讲童话故事，和孩子讨论故事人物的行为是否正确。**2.** 妈妈问"小兔子将糖果分给大家是正确的吗？"孩子说："是的。小熊抢走狐狸的糖果是正确的吗？"妈妈说："不是的。我们不可以抢别人的东西。"**3.** 孩子问："农夫救蛇的行为是对的吗？"爸爸说："帮助他人的行为是对的，但我们要学会分辨善恶，避免被恶人伤害。"**4.** 让孩子在这样的对比中明白什么样的行为是不对的，以便分辨周围人的善恶，约束自己的行为。

独立的孩子带起来很轻松

凡是孩子自己能做的事情，都应该让他自己去做

洋洋6岁了，听话守时，自律懂事。每天早上7点闹钟一响，洋洋就自觉起床，穿衣服、叠被子、刷牙、洗脸、吃早饭，几乎从未出现过赖床、磨蹭等让爸爸妈妈烦恼的问题。7点半一到，洋洋就准时出门了，完全不需要父母催促、提醒。邻居阿姨每次见了洋洋总要夸上几句："这孩子真好，真叫人省心！洋洋妈妈，您是怎么教育孩子的，也教教我吧！"

孩子独立性差的原因

- 父母过于强势，总是代替孩子做决定。
- 父母过度溺爱，什么事情都替孩子做。

让孩子自己安排时间

有些父母可能经历过这样的情况：上学期间孩子早上总是赖床，可一到放假要出去玩时就起得特别早。可以看出来，当生活中有孩子喜欢、感兴趣的事情时，孩子会更积极主动，做事效率也随之提升。那么父母该如何调动孩子的主动性呢？

不妨试试多给孩子一些可以自由安排的时间。当孩子完成必做的任务之后，剩余的时间可以由他自己安排：他可以选择出去玩，也可以玩一会儿游戏，还可以看书、画画……对于大一些的孩子，父母布置任务时，可以给孩子一个时间范围，让孩子自己安排，比如："周五之前要背会这首儿歌。"孩子时间观念较弱，可能经常出现没有按时完成任务的情况，父母要有足够的耐心，给孩子一些安排时间的建议，多鼓励孩子，有助于孩子养成自律的习惯。

常说"你来试试看"

孩子的独立性需要父母耐心培养，许多父母时常会以"孩子年龄太小""他不会"为借口，年复一年地包办、代办那些本可以让孩子自己完成的事情。久而久之，孩子失去了尝试的兴趣，习惯了让父母为自己服务，甚至把它当作一种秩序。当孩子长大后，即使已经完全具备独立完成的能力，也会以"浪费时间""太累了"等理由推脱。

父母可以在孩子年龄很小的时候就开始鼓励孩子自己吃饭、自己穿衣服。孩子刚开始尝试新技能时通常难以掌握技巧，需要父母帮助。如果孩子有兴趣尝试更复杂的事情，父母尽量不要阻拦，也可以适当给孩子机会。随着独立意识的增强，孩子能够独立做好一些日常生

父母说话之道

"别担心，多练习几次就能做得很好了。"

活中力所能及的事情，鼓励孩子做一些和自己密切相关的事情，也为他养成良好的生活习惯以及生活自理能力奠定基础。自立是孩子走向社会的重要环节，依恋感、安全感、恐惧感都会对孩子的自立产生强烈的影响，学会放手，让孩子自己来尝试一下，才能让孩子学会自我管理、学会自立。

纠正孩子的依赖性应从一点一滴做起。凡是孩子自己能做的事情，父母要放手让他自己去做，不要怕他做不好，做坏了不要去责骂他，父母要加以引导，比如训练孩子自己穿脱衣服、洗脸洗脚、刷牙漱口、收拾整理玩具等。父母可以在一旁指导或示范，鼓励孩子有始有终地把事情做好。只有这样接触实际，增加感性认识，才能使孩子的思维能力得到发展，锻炼独立生活的能力，逐步克服依赖心理。

把选择的权利给孩子

父母应该尊重孩子，给他自主选择的权利，让孩子在自己的选择中主动尝试，不断磨炼克服困难、战胜困难的顽强意志，养成遇事冷静、有主见的良好心理素质。父母可以让孩子自己选择穿什么样的衣服、什么颜色的鞋子，等孩子上学后，让他自己决定上什么兴趣班，孩子也会很开心地自己作决定。

宝宝可以自己选衣服、穿衣服了，父母更省心了。

父母说话之道

“早上的时间怎么安排？我们来一起列个计划吧！”

7：00 起床、穿衣服

7：10 刷牙、洗脸

7：20 吃早餐

7：40 出门

当孩子做得不好时，不要试图去控制

当孩子表现出较强的独立性时，难免会犯各种各样的错误：辫子编反了，喝水时水洒了一身，扣子扣串了，鞋子左右脚穿反了……父母看到时难免觉得有点邋遢，忍不住帮孩子整理衣服。随着孩子的自我意识逐渐觉醒，有时对于父母的帮助不但不领情，反而表现出烦躁和愤怒，甚至会和父母发生冲突："我自己来！"父母此时要将主动权交给孩子，尊重孩子的独立意愿。孩子虽然做得不够好，但第一次独立完成会让孩子获得成就感，这是属于孩子自己的成功。在成功的快乐中，孩子独立的意愿会越来越强，对于不够完美的地方也会逐步改进。

有些心急的父母总是希望孩子更快、更好地完成，当孩子对自己的建议置若罔闻时，觉得孩子太固执，忍不住说孩子"犟"，孩子做得不好，就抱怨"我都告诉你了，你就是不听"。父母的这些行为会让孩子产生挫败感，独立意愿也会降低。

培养孩子的责任感

孩子天生拥有责任感，当孩子做一些简单的家务时，会表现出像成人对工作一样的热情。对孩子来说，责任是一种快乐而不是麻烦事。如果父母以生气的状态指挥孩子去完成家务，那么其中令人兴奋和愉快的情绪就被破坏了。在日常生活中，我们应该让孩子明白什么是自己的责任，自己的事应该自己独立去完成。比如，书看完后自己收拾，不小心弄坏了，要承认错误，并自己修补好，实在不行再请大人帮忙；自己穿衣服，整理床铺等。这样，孩子的责任意识就在这些简单的劳动中自然而然地养成了。

当孩子有了责任心之后，做起事情来会更加认真、谨慎，也会更加用心地去完成每一件事。

宝宝3岁以后有了方向感，穿鞋子时就不容易穿反了。

父母说话之道

"宝贝长大了，能自己照顾自己了。"

亲子陪伴成长游戏

帮玩具洗澡

适宜年龄：2~6 岁　用具准备：洗衣液、毛刷、砂纸、消毒液

练习方法： 1. 和孩子一起收集好玩具，并把玩具分类。2. 塑料玩具放在有洗衣液的水中浸泡一会儿，用清水漂洗干净，然后浸泡在消毒液中约半小时，再用清水漂洗干净，放在太阳下晒干。3. 木制玩具先用砂纸摩擦，然后放进洗衣液水中仔细刷洗，接着用清水洗净，放在太阳下晒干。4. 给所有玩具洗完澡后，让孩子看玩具是否变漂亮了，然后放回玩具箱。

挂衣服

适宜年龄：4 岁以上　用具准备：衣架、衣服

练习方法： 1. 洗完衣服后，将洗干净的衣服装进盆里。2. 让孩子把衣架拿到面前，拿起一件衣服，将衣服整理平整。3. 将衣服的左右前襟向两边拉开。教孩子把衣架两端分别伸进衣服肩部，将前襟合拢，扣上扣子。4. 教孩子将裙子、裤子夹在衣架上。5. 将衣服连同衣架挂在晾衣杆上。

改变孩子，不如改变自己——不要代替孩子做决定

孩子在家庭中是否拥有决定权，关系到孩子独立性的发展和责任感的形成。父母替孩子做决定，虽然能够为孩子排除眼前的风险，但久而久之，孩子遇到选择就要问父母，自己不敢做主，遇到大事时习惯依赖他人，缺少独立面对错误的勇气。而拥有决定权的孩子，虽然看起来更“任性”，但也会更有主见，头脑更灵活，拥有独立思考的能力。

以牺牲自己为代价的爱太过沉重

许多父母对孩子都寄予了殷切的希望，不惜花时间、花重金培养孩子，希望凭借着自己的付出和牺牲为孩子换来一个光明的前程。父母将希望寄托于孩子身上，会给孩子无形的压力，父母过度的付出会让孩子产生亏欠感，不自信、偷懒、怯懦等负面情况的出现，也让孩子感到对不起父母，造成心理压力。

用引导和提示代替打压和控制

- 原则问题不能妥协，非原则问题要给孩子充分的自由。在合理的价格范围内，让孩子自己选择服装、玩具、餐具等，给孩子自由活动的时间。
- 在孩子寻求帮助时给出可靠的建议，但不要强迫孩子采纳自己的意见。
- 父母急躁时，更容易出现控制和打压的行为，因此要尽量避免时间紧迫的情况出现，提前和孩子沟通。

父母控制欲太强，会养出什么样的孩子

- 父母总强迫孩子做他不喜欢的事情，孩子心中的不满逐渐积累，和父母的关系会逐渐疏远，变得叛逆。
- 父母不尊重孩子的隐私，甚至将孩子的隐私告诉其他人，会让孩子对父母失去信任，缺少安全感，变得敏感多疑。
- 只要孩子没有完全按照父母的想法行动，父母就摆脸色。孩子为了获得父母的爱，不得不遵从父母的心意，这非常容易让孩子形成讨好型人格。

控制欲强的父母，常见的行为有这些

- **偷看孩子的日记**
- **替孩子做决定**
- **不许孩子的房间关门**
- **带孩子看病时替孩子描述病情**
- **乐于“纠正”孩子**
- **参与孩子的每一件事，沟通必须以孩子服从为结果**

父母过于严苛，孩子就可能表现出过度追求完美、观念固执、怕犯错误等性格特点，容易焦虑，甚至出现强迫行为。

第五章

从小养成好的学习习惯，未来学习不用愁

为了让孩子不输在“起跑线”上，焦虑的父母似乎总在激励着孩子。殊不知，在教育中“慢就是快”，对于孩子来说，比起知识的储备，更重要的是学习习惯的培养。广泛阅读、勤于思考、温故知新，这些学习习惯将是孩子一生的财富。

培养自主学习的动力

好奇心和求知欲是人一生学习的动力

泡泡平时很懂事听话，爱好广泛，做事认真，但就是不愿意主动学习，每次写作业都需要妈妈在一旁“监工”，只要完成了作业，就再不愿意多看一眼书。妈妈感到很无奈：泡泡挺聪明的，成绩也不错，但为什么每次学习都那么不情愿，对学习总是提不起兴趣呢？

孩子厌学的原因

畏难情绪

• 学习内容过难，导致孩子产生挫败感，没有克服困难的信心和动力。

没有学习目标

• 缺失目标感会让孩子难以集中注意力，学习后也很难获得成就感。

找不到学习的乐趣

• 孩子喜欢多感官的刺激和互动，单纯的文字内容会让孩子觉得枯燥乏味。

父母过于关注成绩

• 父母只关心成绩，会让孩子忽视学习的过程，觉得只要学习成绩能让父母满意就算完成了目标。

兴趣是学习的主要动力

对于年幼的孩子，玩游戏就是学习的过程。蒙台梭利提出，游戏是儿童的工作，在游戏中，儿童高度专注于眼前的目标，运用想象创造故事。孩子在游戏中自主探索，获得各种感官体验，提升身体的协调能力，认识自然规律，了解社会秩序，学习课堂之外的知识。

在孩子年龄较小时，学习兴趣、学习能力和学习习惯的培养比学习知识更重要。

对于 3 岁以下的孩子，父母根本不用刻意去“教”他。孩子会用天生的、潜在吸收性的心理力量来吸收学习，父母要做的是给孩子适宜的环境。

对于 3~6 岁的孩子，父母要遵从孩子的兴趣。孩子成长有许多不同的敏感期，只要抓住孩子的兴趣所在，为他提供力所能及的条件，孩子就会主动学习。

对于 6 岁以上的孩子，父母要多鼓励，提升孩子学习的自信心。课后辅导时，可以采用游戏互动的方式帮助孩子巩固知识。

游戏对孩子来说不只是娱乐活动，还是学知识的有效途径。

正确对待孩子提出的“为什么”

好奇心和求知欲是人一生学习的动力，让孩子在探索中发现，在发现中成长，可以培养学习的积极性和主动性。

当孩子开始问“为什么”的时候，表明孩子的好奇心旺盛，已经开始进行最初的理性思考。父母要保护孩子的好奇心，积极回答孩子的提问，或者为孩子指出探索答案的方法。父母如果回答不了孩子的提问，也不要简单搪塞几句，或用斥责的语言对待孩子，这样会挫伤孩子提问的积极性。可以诚实地和孩子说自己不知道，并一起和孩子寻找答案。

父母说话之道

无法回答孩子的提问时，可以和蔼地对孩子说：“现在爸爸妈妈还不会回答，等我们弄懂这个问题后再告诉你。”这样做既保护了孩子的好奇心，又让孩子能学会认真回答别人提问的好品质。

及时发现孩子的进步并予以鼓励

父母对孩子的鼓励，也许只是一句话、一个眼神，或一个不经意的动作，这却可以唤起孩子的良好情感体验。孩子会将父母的鼓励转化为自己前进的动力，不断督促自己进步。每个人都会有失去信心和失落的时候，在孩子的成长道路中肯定会遇到一些难题，父母应该竭尽所能地帮助和支持他，经常给孩子一些夸奖和称赞，能树立起孩子的自信心。

当孩子做得很差时，内心会产生挫败感，此时更需要父母的夸奖。父母要找到孩子的可取之处并予以夸奖，鼓励孩子下次做得更好。

孩子天生就会学习

- 路牌和商铺的标识会激发孩子学习文字的兴趣；
- 陪同妈妈买东西，特别是给他自己买东西会激发孩子算数的兴趣；
- 现场演奏会激发孩子学习乐器的兴趣；
- 参观画展能激发孩子画画的兴趣；
- 缓慢爬行的小动物能激起孩子观察的兴趣；
- 能品尝的植物更能引起孩子观察和栽培的兴趣；
- 孩子们一起参加体育比赛会激发孩子对各种运动的兴趣……

逼迫孩子学习会让孩子失去兴趣

那些不顾孩子感受，逼迫孩子学习的父母，先入为主地希望孩子成为他们想象中的人才，过早地为孩子选定专业方向，凭自己的喜好培养孩子，这对孩子的健康成长极为不利。强迫孩子学习没有兴趣的东西，这样会破坏孩子的学习动机和信心。

父母行为宜忌

儿童学习兴趣培养宜忌！

真正打击孩子学习积极性的，是父母恶劣的态度

这样做，孩子更爱学习

孩子天性就爱玩，玩对于孩子来说不仅仅是兴趣，更重要的是在玩的过程中，孩子的智力可以得到提升。孩子的注意力、观察力、记忆力、想象力、操作力都可以通过游戏玩出来。而且，让孩子沉浸在智力游戏中，能够让他更多地体验到学习的乐趣，引导他用看、听、说、做等方式去学习，也是养成孩子良好学习习惯的重要一环。

将寓教于乐落到实处。爱玩是孩子的天性，父母可抓住孩子的这个特点，给孩子买一些益智的玩具，帮助孩子锻炼大脑。

总是拿别人家的孩子作比较。不管是出于“恨铁不成钢”的心理，还是出于激励孩子的目的，把优秀生作为榜样教导自己的孩子，会伤害到孩子的自尊心，激励效果适得其反。

只看重成绩。成绩只是学习效果的反馈，如果父母过分看重成绩，会让孩子产生巨大的学习压力，导致孩子对学习产生抵触情绪。

亲子陪伴成长游戏

说儿歌，做动作

适宜年龄：2 岁以上　用具准备：无

练习方法：1. 妈妈与孩子一起念儿歌《小动物过桥》，每一句儿歌编一个动作，边念儿歌边表演。儿歌如下："小鸭子过桥，摇啊摇，小兔子过桥，蹦蹦跳，小袋鼠过桥，妈妈抱，小螃蟹过桥，横着爬。" **2.** 在念儿歌时，妈妈可把每句儿歌最后押韵的一个字空出来，让孩子说，使他的动作和押韵字配合起来。

好多为什么

适宜年龄：3 岁以上　用具准备：无

练习方法：1. 当孩子问："为什么小鸟会飞？" 父母回答："因为小鸟有翅膀，所以会飞。" **2.** 如果孩子接着问："为什么我没有翅膀" 之类比较复杂的问题时，父母也要耐心地回答孩子。**3.** 当孩子问父母 "为什么" 的时候，父母要有意识地用 "因为……所以……" 这样的关联词给孩子一个完整的答案。

有进步啦

适宜年龄：3 岁以上　用具准备：奖励表格

练习方法：1. 为孩子做一个英语字母学习进度表格，贴在屋子里显眼的位置，为孩子英语学习的进步进行记录。**2.** 表格中有一层层的进度，比如：A. 会说英语 "one two three"；B. 会用英语报数 1~10；C. 会唱英语小儿歌《one two three》。**3.** 孩子每达到一个目标，都要给孩子记录下来，并拥抱孩子，让孩子感知父母的喜悦和鼓励。

学习方法要比努力更重要

未来的“文盲”是那些不会学习的人

晨晨上小学了，成绩在班上一直处于中游，妈妈很烦恼。其实，晨晨每天都要花三四个小时写作业，有时候还会学到深夜。才三年级学习就这么吃力，成绩却没有明显起色，等到高年级时学习任务更重，晨晨要是跟不上可怎么办呀！

如何提升学习效率

多感官记忆

• 在条件允许的情况下，鼓励孩子边听、边看、边读、边写。

主动回忆

• 在没有任何提示的情况下，主动回忆所学内容并写、画、说出来。

及时休息

• 疲劳时大脑的工作效率会降低，变得反应迟钝或频繁出错。对于小学生来说，每隔半个小时休息一下有利于缓解疲劳，提升学习效率。

好的开始是成功的一半——“先学 5 分钟”

万事开头难，当孩子认定了学习是一件辛苦的事情后，就会有意识或无意识拖延开始学习的时间。出现这样的情况，可能是因为父母过于严格，总是在孩子学习的过程中提出这样或那样的要求，一提到学习，孩子就感到压力巨大，逐渐对学习产生了厌烦情绪，就会出现逃避现象。父母此时要放低对孩子学习的要求，为孩子设立一个只需要稍努力就可以达成的小目标，比如“学习 5 分钟，之后可以休息”。成就感可以逐步淡化孩子学习的厌烦情绪，刚开始学习时，孩子通常难以集中注意力，总是关心 5 分钟是否已经到了，随着每天的积累，学习 5 分钟对孩子来说已经是件很容易的事，此时他也能更快、更主动地投入学习了。

把复杂的问题拆解成多个简单的小问题

一个笼统的指令通常难以被执行，当父母要求一个 6 岁的孩子去学习时，孩子可能无所适从，也可能拿出课本简单翻两下就声称“学完了”。如此“学习”，效果可想而知。因此，父母要教会孩子分析问题、拆解问题的方法。

从 6 岁起，孩子的抽象逻辑思维逐渐形成，父母可以在此时开始教孩子一些分析问题的方法，比如

画逻辑树，以“学习”为例，需要解决的问题包括“学什么内容”“学多长时间”“要达到什么效果”等，再如“学拼音半个小时，要记住所有的声母，看到后立刻就能读出来”，接下来再思考“记住声母可以用什么方法”“用几种方法记忆”“每种记忆方法花多长时间”等，让孩子在不断追问下，把难实现的问题拆解成容易实现的问题。

在分析问题的过程中，孩子能尝试多种解决问题的方法，还能够积累解决问题的经验，这样做看似“浪费”了不少时间，却是提升了孩子独立处理问题的能力。

把学会的知识教给父母

让孩子做一回“小老师”，不仅能复习、巩固知识，促进对知识的理解和记忆，还能给孩子一个自我展示的机会，树立自信，锻炼逻辑思维能力和语言表达能力。

无论孩子教得好与不好，父母都要积极地给予反馈，例如，孩子没讲清楚的地方，父母可以再向孩子请教，如果孩子不能清楚地讲出来，父母也要及时表达感谢并鼓励孩子。

父母说话之道

“谢谢小老师的耐心指导！宝贝真棒，能记住并理解这么多知识，还能教爸爸妈妈了。”

把所学知识教给别人是一种高效的学习方式。

学画思维导图

• 在纸面中心写下某个主题，将与之相关的知识点写在周围，用线条将相关的知识点连接起来，再在相关知识点的周围写下与该知识点相关的内容，形成网络，帮助记忆和理解。这个方法可以用于复习时梳理知识点，也可以用于读书时分析文章结构。

学习习惯的培养要趁早

“少成若天性，习惯成自然。”习惯一旦形成就很难改变，拥有好的预习、复习、记笔记等学习习惯，孩子学习流程严谨细致、仪式感强，更容易体验到学习的乐趣和成就感。而不良的学习习惯，虽然可能在一开始时看起来流程更简捷、效率更高、更灵活，但当课业任务加重后，学习就会变得吃力。父母要在孩子刚开始学习时就帮助孩子建立良好的学习习惯，以免孩子形成不良的学习习惯。

坚持阅读

阅读可以促进其语言、社会性、认知等不同方面的综合提升。每天和孩子一起阅读30分钟，如果孩子对书上的字、词感兴趣，妈妈可以边读边用手指沿字行移动，让孩子在口头语言与文字所代表的意义之间建立起联系。

按时预习、复习

父母可以陪伴孩子一同预习、复习，比如拿到新教材后，和孩子一起翻看，看一看章节名、正文标题、插图等内容，引起孩子对学习内容的好奇心。

锻炼孩子的忍耐力

父母多陪孩子玩一些需要耐心和注意力的游戏，比如拼拼图、串珠子、搭积木等。在游戏过程中，孩子为了获得自己想要的结果，会主动忍耐并控制自己，可以锻炼孩子的忍耐力。

孩子6岁以后，在亲子共读时，父母可以指读，帮助孩子将汉字的字形和读音联系起来。

亲子陪伴成长游戏

学写数字

适宜年龄：2~3 岁　　　　**用具准备：**0~9 的数字卡片

练习方法：1. 父母把数字卡片按照顺序放在孩子面前，对孩子说：“今天，我们来认识数字 0~9，看看它们都像什么？”2. 父母可以和孩子讨论一下，数字都长得像什么，然后再教孩子说儿歌。让孩子一边说儿歌，一边在数字卡片上学写数字。3. 还可以把数字卡片和一些其他的彩色卡片夹在字典中让孩子把数字卡片全部找出来，然后按照顺序排列起来。

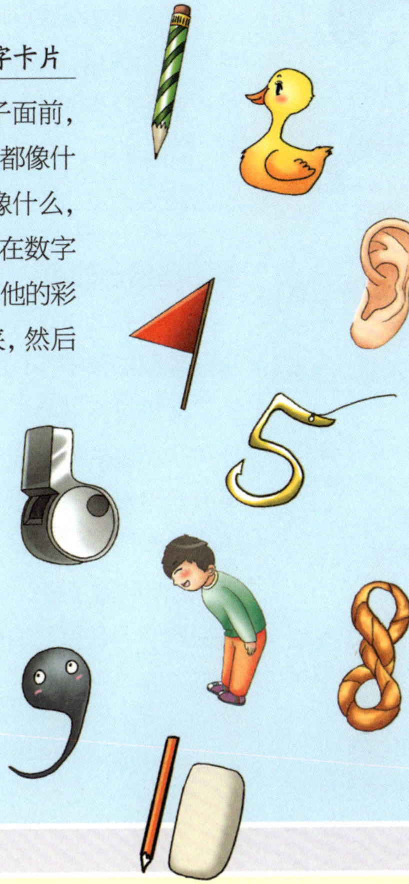

数字像什么

“1 像铅笔竖着立，“2 像鸭子浮水面儿。
“3 像耳朵听声响，“4 像小小三角旗。
“5” 像金钩在钓鱼，“6” 像哨子吹赛球。
“7” 像人行鞠躬礼，“8” 像圆圈拧麻花。
“9” 像小蝌蚪长尾巴，“10” 像铅笔加橡皮。

我是小老师

适宜年龄：4 岁以上　　　　**用具准备：**马克笔、白板

练习方法：1. 提议由孩子当老师，父母来当学生，让孩子讲一讲今天（或前几天）学习了哪些字、词，并用笔写在白板上，达到复习的目的。2. 当孩子模仿老师向父母提问时，父母要积极回应，并说：“感谢老师。”3. 当孩子说下课后，父母可以问一问“小老师”下一节课的内容，孩子为了当好老师会提前学习，从而培养孩子预习的好习惯。

学习不认真，注意力不集中

做事力图精益求精是一种美德

磊磊是个聪明的孩子，课上讲的内容他一听就懂，一点就透。可是他有一个缺点，就是学习不认真，写作业总是敷衍了事，每天回到家总是不到半个小时就写完作业了。昨天妈妈拿起作业本一看，上面字迹潦草，错误连篇。唉，这孩子怎么对学习就是不上心呢？

孩子学习不认真的原因

做事急躁，缺少耐心

• 有的孩子天生比较冲动、急躁，总是想快点把事情做完。

贪玩

• 孩子心里有惦记的事情，想早点学完去玩游戏。

缺少责任感

• 父母过度关注孩子的学习，导致孩子依赖父母，认为学习不是自己的事。

学习是自己的事

父母应尽早对孩子“放手”，不过分地保护孩子，不要什么事都过问。父母过度关心孩子的学习，会让孩子产生依赖心理，觉得学不好还有爸爸妈妈帮着想办法，自己就不会去操心，对待学习或其他事情时，习惯敷衍了事。父母要让孩子认识到学习是自己的事情，适度关心孩子的学习即可。

提升孩子的责任感，可以在很大程度上帮助孩子改善敷衍了事的毛病，因此，在日常生活中，父母应当有意识地让孩子承担一些责任。父母要告诉孩子，保质保量地完成任务，确保每一处细节都达到要求，并按时交到他人手中才是负责任的表现。当孩子有了责任心之后，做起事情来会更加认真、谨慎，他们也会更加用心地去完成每一件事。

当孩子自主学习时，父母要保护孩子学习的积极性，不过度干涉。

移除“干扰”，学习更专心

选择一个无噪音、温度适宜的学习环境。

学习之前可以先上一趟厕所。

尽量在饭后半小时至下顿饭前半小时之间学习，学习时间不宜过晚。

学习的房间不要放太多杂物（玩具、不相关的书籍）。

学习时间，父母尽量不要打扰孩子。

玩的时候孩子有高度集中的注意力

孩子在玩耍时，爸爸妈妈不要随意干预孩子的活动，以免分散孩子的注意力，不利于养成专注的习惯。父母应该在孩子集中注意力干完一件事之后，再与孩子交谈、互动。

孩子良好性格的养成，需要着重培养他对事物的注意力和专注度，而“独角戏”在这方面是有很大作用的。“独角戏”就是让孩子自己活动，让孩子拥有自主权。这不仅能给孩子创造广阔的空间，使孩子能更专注于身边的事物，而且对孩子自我开发和创意的培养有所帮助。

那么应该如何培养孩子专注力呢？可以多玩拼图、串珠子等静态游戏，从简单的游戏开始，享受完成的成就感，以训练短时间的注意力，再慢慢加深游戏的难度和延长游戏的时间，以锻炼孩子的耐力，提高专心度。

不是注意力不好，是对学习不感兴趣

一些孩子不喜欢语文，一些孩子不喜欢数学，当孩子遇到他不喜欢的科目或内容时，很难投入进去，这也是可以理解的。因此，需要父母从小培养孩子学习、求知的兴趣，比如，带孩子一起阅读、一起学习各种知识等。

因此，在培养孩子注意力的时候，应该首先从他最感兴趣或者是最需要的事情入手，比如，对声音敏感的孩子，可以让他玩乐器，培养注意力。

尽量向孩子提供一些跟他内在保持一致的事物，而不是一味地强迫他接受自己不感兴趣的东西。否则，过多的干预可能会让孩子感到压抑，有很多愿望没有得到满足，在他的内心深处，就会把这些欲望当成是一种最大的自由和快乐，一旦长大成人，他就会变得毫无节制。

封闭的区域有助于注意力的集中

让孩子有一个相对封闭的自由活动空间是很重要的。充分利用家里的每一个角落和家具，给孩子一个活动自由、不受外界打扰的私密空间和场地，能够帮助孩子集中注意力。

效率低下时，要及时休息调整

大脑疲劳时，学习效率也会随之降低。即使孩子尽全力控制自己，注意力也还是难以集中，这不是孩子的错。当睡眠不足、压力过大、过度思考时，大脑更容易进入疲劳状态。除了学习，过度使用电子设备也会导致大脑疲劳。所以，当孩子学习时注意力不集中，需要休息时，父母尽量不要让孩子再看电视、玩电脑游戏放松，可以带孩子到户外打打球、跑跑步等。

多给孩子积极的心理暗示

爱玩是孩子的天性，父母应该接受这样的现实。父母在教孩子时应多鼓励少批评，尤其要注意避免消极导向的言论，以免给孩子的心理造成负面影响。孩子的自信心以及自我认知大多是从父母的评价中得来的。如果孩子犯了一点儿小错，父母就简单归结为学习不认真，还一通责骂。时间久了，孩子会在潜意识中认为自己就是学习不认真、注意力不集中。

培养精益求精的精神

孩子学习不认真，可能是对自我要求过低造成的。父母要培养孩子精益求精的进取精神，让孩子养成好习惯、提升进取心，以更加严格的标准要求自己。艺术的创造讲究精益求精，父母可以提升孩子的艺术修养，让孩子做一些精细的描图练习，培养孩子精益求精的好习惯。

当孩子自己绘画、写毛笔字、学习乐器时，虽然暂时还达不到名家的水平，父母可以引导他和那些好的作品在某一方面作比较，看自己差在哪里，可以作什么改进。也可以利用孩子的好胜心理，组织孩子们之间展开有益的竞赛活动，以此来激发孩子的进取心。

父母可以带孩子参加一些艺术培训，提升社交力，培养耐心和毅力。

父母说话之道

“爸爸妈妈很喜欢你专心致志做事情的样子。”

亲子陪伴成长游戏

捡豆子

适宜年龄：2~3 岁　用具准备：一些豆子、一个小篮子

练习方法： 1. 妈妈假装不小心把豆子撒在地上，请孩子来帮忙。告诉孩子捡豆子时要蹲下来一粒一粒地捡，把捡到的豆子放到篮子里。2. 豆子捡完了，让孩子再找一找，有没有漏捡的豆子。3. 最后，妈妈要感谢孩子的帮助。4. 孩子如果觉得捡豆子难，可以换成更大一点的小球。

对对看

适宜年龄：3 岁以上　用具准备：纸盒、硬纸板、剪刀

练习方法： 1. 在纸盒上挖 4 个大小不同的圆形小洞，再用硬纸板剪出一些相应大小的圆片，并涂上颜色。2. 妈妈拿出小圆片，给孩子演示，分别比较圆片和纸盒上圆孔的大小，然后按照不同的大小将圆片一一放入纸盒中。

找不同

适宜年龄：3 岁以上　用具准备：两张细节略有差别的图片

练习方法： 1. 准备两幅图片，两张图片细节上要略有差别。2. 先把其中一张放到孩子面前，问孩子画面上有什么，让孩子仔细观察并说出来。3. 然后把另一张图片也放在孩子面前，让孩子找找两幅图片中有哪些地方不一样，鼓励孩子说出来。孩子回答正确，妈妈要及时表扬孩子。

要上学了，还什么都不会

耐心地等待孩子成长

千千快 6 岁了，今年九月份就要上小学了。为此，千千的爸爸妈妈做了不少功课，每天在家为千千做幼小衔接辅导，可是千千毫无干劲，上周就教过的知识，到了今天依旧记不住。看着千千一遍又一遍地写错答案，一脸委屈，爸爸妈妈又心疼又焦虑。

上小学前该做的准备

社交能力

• 拥有好的人际关系能帮助孩子快速适应学校生活，还能激发孩子上学的热情。父母可以多带孩子出门结识朋友，引导孩子勇敢地和陌生人打招呼，培养孩子的社交能力。

行为教养

• 小学的纪律比幼儿园更加严格，父母要让孩子了解学校的纪律，学习和老师、同学相处时的礼貌教养。

学习能力

• 上小学后，学习成为主要任务。父母要培养孩子集中注意力听课的能力、控笔书写的能力等。

过早灌输知识，让孩子失去学习兴趣

有些父母为了让孩子“赢在起跑线”，提前学习拼音、加减法计算等知识，这样做虽然能避免孩子在刚入学时学习进度落后，但实际上降低了孩子的学习效率。孩子的发展需要遵循自然规律，在上学以前，父母应该把教育重点放在培养孩子的各项能力上，教会孩子如何观察生活，如何提出问题、分析问题、解决问题，如何与他人和谐相处等。提前接触的知识，上学后还要重新学习，孩子对知识失去了新鲜感，再回想起之前被父母强迫学习的情景，容易失去学习的兴趣。

参加兴趣班的前提是有兴趣

0~6 岁是身心发育的关键期，如何做好孩子的早期启蒙教育，发掘孩子的先天优势，是许多父母关心的问题。面对市场上各种兴趣班，父母们也难免陷入这样的纠结：到底该不该给孩子报班？报了班，就要花钱、花时间上课，万一老师教得不好，没有效果不说，还可能累着孩子，扼杀了孩子的天赋和兴趣；不报班，别人家的孩子都在学，学习效果也很明显，自己家孩子不学，到了学校和同学都没共同语言……

父母说话之道

“别担心不会知识，去学校就是为了学习啊。”

其实，参加兴趣班应该建立在孩子感兴趣的基础上，一些父母因为自己喜爱艺术，就不顾孩子感受，逼着他学习绘画、音乐，而且缺乏正确、有效的引导，这样只会让孩子反感，甚至抹杀孩子本身具有的天赋。父母在决定培养孩子才艺之前，不妨先听听孩子的意见，尊重他的选择。如果要学，一定要仔细观察，再选择一种适合孩子性情及兴趣的才艺。千万不要让孩子一下子接触太多，或强迫他学习没有兴趣的东西，这样会破坏他学习的信心和动机。

关注孩子情感，及时疏解焦虑、自卑情绪

从幼儿园到小学，作息制度、班级环境、授课形式等都发生了巨大的变化，孩子难免会遇到困难、经受挫折，父母要及时发现孩子的情绪变化，帮助孩子疏解不好的情绪、树立信心，培养良好的学习习惯、生活习惯、人际交往能力等。如果孩子的情绪问题不能及时得到疏解，可能会形成不良的心理状态，甚至影响对事物的认知看法。上小学后，孩子的竞争意识会逐渐形成，如果此时因为没有提前学习而导致学习成绩落后，父母又没有及时予以安慰和鼓励，孩子可能形成“自己不如别人”的错误认知，导致消极、自卑，甚至出现焦虑、抑郁等精神障碍。

入学前，父母可以多陪孩子在学校附近走一走。

父母说话之道

“宝贝很棒呀，你已经答对这么多道题了，那些做错的题目你也一定能学会的。”

父母行为宜忌

儿童幼小衔接管教宜忌！

比起学习，更重要的是让孩子适应学校环境

学习知识不必“抢跑”

孩子的能力发展有早有晚，一时的领先和落后并不代表什么，父母不必过于焦虑。人生是一场马拉松，即使暂时落后，在后面的赛程中仍然有大把机会反超。合理借用儿童敏感期之势，顺应孩子的学习兴趣，鼓励孩子自主学习，能让孩子学得更轻松、更快乐，保存下体力和对学习的热情，才能在未来的路上走得更顺利。

培养学习习惯，父母可以陪孩子一起读书、写日记，抄写喜欢的句子，锻炼手部肌肉，以便将来更快地适应学校生活。

可以进行**游戏启蒙**，多陪孩子做智力游戏，让孩子养成勤思考的好习惯，锻炼孩子的观察力、记忆力，为日后学习**打好基础**。

超前训练。学习知识要遵循儿童身心发展规律和学习特点，过早灌输知识会让孩子**疲惫不堪**，还可能让孩子产生厌学情绪。

亲子陪伴成长游戏

看图说话

适宜年龄：2 岁以上　用具准备：图片

练习方法：1. 准备一些图片，图中内容要简单明了，最好选一些孩子熟悉的动物、生活用品等。2. 妈妈与孩子一起看图片，妈妈用简单易懂的语言解说图片，边说边指相应图片。3. 让孩子自己看图，并鼓励孩子自己描述画面，比如孩子说："这是小熊。"妈妈可以问孩子："小熊在干什么？"让孩子回答，并让孩子边指相应图片边复述。

看图片，识汉字

适宜年龄：3 岁以上　用具准备：动物、植物识字卡片

练习方法：1. 父母拿出孩子熟悉的猫、狗、花等图片，让孩子看，并指着文字告诉孩子："猫""狗""花"等。2. 等孩子熟悉后，父母可以拿着图片让孩子说出图片名称。3. 随着孩子年龄增长，父母可以只给孩子看文字，让孩子说出文字。也可以将图片和文字拆开，让孩子练习图片与文字配对，以此提升孩子学习的兴趣。

整理学习用品

适宜年龄：4 岁以上　用具准备：孩子的学习用品

练习方法：1. 给孩子属于自己的学习用品，并帮助他学会整理和摆放。2. 让孩子了解学习用品的用途及分类，有助于孩子按照用具的用途进行整理和分类。3. 和孩子一起制订学习计划，有规律地安排各项学习。

该不该和别人家的小孩作比较

接受孩子的不完美，是父母的必修课

暖暖从小就对数学感兴趣，喜欢玩逻辑游戏，数学思维能力很强。由于对数学的偏爱，暖暖渐渐表现出偏科的迹象，不喜欢看书识字。爸爸妈妈劝暖暖，对暖暖说：“你看隔壁的丽丽都能自己看故事书了。”暖暖一听不高兴了：“认识几个字有什么厉害的，多看几遍就记住了。”

如何对待竞争

父母在引导孩子参与竞争时，需要注意以下几点：

- 不要强迫孩子参与自己不喜欢的竞争活动。
- 培养孩子的合作精神和团队意识，让他们学会在竞争中寻求合作和共赢。
- 引导孩子正确看待竞争结果，不要过分强调胜负和排名，而是注重过程和努力。

自尊心是孩子进步的原动力

其实，即使不用父母说，孩子也会不自觉地把自己和他人进行比较。当自己做得不好时，心里也会着急。孩子很敏感，从自我意识的形成时期起，孩子就开始注意别人对自己的评价。自尊心是向上的内在动力，如果损害、挫伤了孩子的自尊心，容易使他失去前进的动力和勇气。父母随便拿孩子和别人家的孩子比较，会让孩子的自尊心受到伤害，导致自我评价降低，缺少自信，还会影响学习效率。父母要保护孩子的自尊心，不当众批评孩子，不拿他人的长处与孩子的短处比较。

不要只关注学习成绩

成绩不是唯一的评判标准，一个人的成功和幸福，与小时候的学习成绩也没有必然的联系。父母要更全面地关心孩子的生活，要让孩子知道，学习不是生活的全部，去学校学习的目的是为了更好地成长，成为一个能在社会上独立生存的人。学习成绩对于孩子的升学、择校固然有着重要的作用，但过度关注成绩，会给孩子造成心理负担。

发掘孩子的优势，建立自信

好孩子都是夸出来的，经常受夸奖的孩子自信心充足，做事情成功的概率也会提升。每个孩子都有自己独特的天赋，及时发现孩子的天赋，孩子会更自信，凭借天赋的优势带动其他能力的发展。

关注过程而非结果

父母需要注重“过程管理”，及时发现孩子学习中存在的问题和点滴进步。就算孩子的学习成绩不好，也相信只要孩子一直保有学习热情，总有一天会迎头赶上。

父母说话之道

“宝贝，你会的知识越来越多了，爸爸妈妈真为你感到高兴！”

亲子陪伴成长游戏

我是独一无二的

适宜年龄：3岁以上　用具准备：无

练习方法： 1. 教孩子认识自己，告诉孩子他的姓名、性别、年龄、属相、家庭住址、父母的电话。2. 父母问孩子以上内容，让孩子记熟，能全部对答如流。3. 告诉孩子他是独一无二的，他的一些身体特征是世界上独有的。例如，一块胎记，一撮翘起的头发，一双大眼睛，一个小痦子等。

他是小画家

适宜年龄：3岁以上　用具准备：画笔

练习方法： 1. 带孩子参加别人的庆祝派对，对别人孩子的进步表示祝贺。2. 如果邻居家孩子在绘画方面很有天赋，可以让孩子去祝贺他，并编儿歌给他听：小红花，笑眯眯，望着孩子（孩子名）拿画笔，孩子（孩子名），小画家，画枝花儿花欲放，画条青虫虫想爬。

孩子经常得到父母的鼓励，就会明白鼓励对人的心理产生的影响，也会去鼓励他人。

改变孩子，不如改变自己——养成爱学习的习惯

学习是一辈子的事。离开学校，走入社会后，许多人忙于工作和生活，失去了学习的目标和动力。父母难以做到主动学习，孩子也会受到影响，认为学习是一项辛苦的任务。学习不只为了考试和升学，也是为了开阔眼界、解决人生困惑、提升工作效率。去做孩子的好榜样，和孩子一起学习吧。

再忙，也要腾出时间看书学习

工作、照顾家庭需要耗费大量的时间和精力，身为父母，每天能留给自己的时间寥寥无几，即便偶有闲暇，心里也时常惦记着工作和孩子的事情，难以集中精力再做其他事情。但是，越是忙碌，就越需要积极暂停，调整身心。哪怕只是每天挤出 10 分钟的时间用来看书学习，只要做好规划，日积月累，也能获得不小的进步。

在工作忙的时候，可以用这些方法腾出学习时间

- 找到工作重点：优先解决紧急且重要的事情，优化工作顺序，提高效率。
- 利用碎片时间：拆分学习任务，利用午休、上下班路上的时间。
- 多种学习方式：不方便坐下来读写的时候，可以收听音频，没带学习资料时，可以在脑中快速回忆学过的知识。

三步，做好学习的时间规划

- 坚持规律的学习时间：尽量在同一时间学习，这样可以让身体适应规律的作息，养成学习习惯。
- 提前确定学习目标：先确定一个对自己帮助较大、感兴趣的学习内容。再定一个具体的目标，比如：读完一本书，学完一门课程等。
- 规划每日进度：根据每天的学习时长，设立每天的进度目标，比如：每天要读完几页书，听课多少分钟等。

父母这些坏习惯，会影响孩子的学习能力

- **做事不专心**
- **畏难情绪**
- **固守己见**
- **求知欲低**
- **沉迷娱乐**
- **做事虎头蛇尾**

父母的榜样作用影响孩子的学习习惯，如果父母自己从不读书学习，孩子也会受到影响。

附录：父母的说话之道

★“宝贝，你对此是什么感受呢？”

★“宝贝，我知道你很难过，让我抱抱你，安慰你一下，好吗？”

★“宝贝，我知道你很喜欢这些玩具，小朋友们也很喜欢这些玩具，想和你一起玩，你可以和他们一起玩吗？”

★“宝贝会自己穿衣服，扣扣子了。今天一个扣子都没扣错，宝贝真细心！”

★“宝贝，即便你说谎了，只要你勇敢说出真相，我也会原谅你，因为我爱你。”

★“宝贝，每个人都会不断地犯错误，要把犯错看作是学习的机会，而不是无能的表现。”

★“宝贝这次动作很快，省了不少时间！”

★“宝贝，你已经玩了半个小时游戏啦，咱们出门去散散步吧。”

★“如果别人打了你，你会是什么感受呢？”

★“宝贝，我发现你总是往那个方向看，那边是有什么东西吸引了你的注意吗？”

★“宝贝，你不喜欢这道菜的味道，对吗？但是为了营养均衡，爸爸妈妈希望你也吃一点。”

★“我现在很生气，需要冷静一下，请给我一点时间。”

★“离货架远一点，妈妈担心货架上的东西掉下来砸到你。”

★“宝贝，你看起来很难过，你是想一个人待一会儿，还是和爸爸妈妈说一说？”

★“宝贝，我们去认识新朋友好不好啊？”

★“宝贝，我猜你心里一定很委屈，和爸爸妈妈说一说吧。”

★“宝贝，爸爸妈妈很开心能听到你分享的故事，能再多说说吗？”

★“宝贝，你为什么拒绝？我想听听你的想法。”

★“宝贝今天衣着整洁，看上去很精神嘛！”

★“宝贝，玩具累了，要回家休息了，我们一起送它回家吧！”

★“宝贝，遇到困难的时候可以向爸爸妈妈求助，爸爸妈妈会很愿意帮助你的。而且，向别人求助是一件很正常的事情，爸爸妈妈遇到困难时也会向别人求助的。”

★“宝贝，遇到困难不要退缩，按照自己的想法大胆地去做，做错了也没关系，每个人都是在错误中成长的。”

★“宝贝，爸爸妈妈明天想去商场购物，咱们来一起制作购物清单吧！”

★“爸爸妈妈相信你能独立解决，如果你需要帮助，爸爸妈妈也很乐意给你一些解决问题的建议。”

★“你们两个看起来很要好，能和我说说他的优点吗？”

★“别担心，多练习几次就能做得很好了。”

★“早上的时间怎么安排？我们来一起列个计划吧！”

★“宝贝长大了，能自己照顾自己了。”